Jagd, welch fürstliches Vergnügen

Höfische Jagd im 18. und 19. Jahrhundert

»Jagd, welch fürstliches Vergnügen«

Höfische Jagd im 18. und 19. Jahrhundert

Staatliches Museum Schwerin
Kunstsammlungen, Schlösser
und Gärten

Inhalt

Bildwechsel – Identität als Konzept des Staatlichen Museums Schwerin für das Jahr 2000 realisiert die Idee, Kunstwerke aus den eigenen Sammlungen in expliziten Konstellationen vorzustellen. Vielfalt und Reichtum der vorhandenen Bestände garantieren, dass unter differenzierten kunsthistorischen Aspekten die Werke der Kunst in anderen Nachbarschaften neu ins Blickfeld der Wahrnehmung gestellt werden. Angebote werden unterbreitet, die bewusst auf die Mannigfaltigkeit möglicher Seherlebnisse ausgerichtet sind. Die in den Ausstellungsräumen permanent sichtbaren Werke verbinden sich auf diese Weise mit den aus konservatorischen Gründen selten gezeigten Teilen der Sammlungen. Bekanntes und Unbekanntes fügt sich unter einem speziellen Thema zu einem überraschenden Ganzen. Kunst und Geschichte werden konkreter erfahrbar.
Die Ausstellung "Jagd, welch fürstliches Vergnügen" thematisiert an über 100 Einzelbeispielen die höfische Jagd im 18. und 19. Jahrhundert und das ambitionierte Kunstinteresse der fürstlichen Sammler. Ihr Interesse an der Jagd und die mit ihr verbundenen Möglichkeiten zur Ausbildung im Umgang mit Waffen sowie ein ausgeprägtes Repräsentationsbedürfnis haben besonders im 18. Jahrhundert auch in Mecklenburg zur Errichtung von Jagdschlössern in ausgedehnten Jagdrevieren und zum Erwerb von Gemälden, Zeichnungen, Graphiken, Skulpturen und vielfältigen kunsthandwerklichen Objekten geführt. "Jagd, welch fürstliches Vergnügen" versammelt wertvolle Meissener Porzellane, prunkvolle Waffen sowie Tier-, Wald- und Jagdbeutedarstellungen niederländischer Meister des 17. Jahrhunderts. Die zeitgenössischen Ankäufe des französischen Malers Jean-Baptiste Oudry, des Dresdener Hofmalers Johann Alexander Thiele oder des Kupferstechers Johann Elias Ridinger gehören in den Kontext der Erwerbungstätigkeit, die ihre Fortsetzung im 19. Jahrhundert findet und ein anschauliches Bild von der Jagd in ihren zahlreichen Facetten vermittelt.
Es ist uns eine Freude die Präsentation auf Schloss Ludwigslust zeigen zu können, da der Begründer der Schweriner Kunstsammlungen Herzog Christian Ludwig II. zugleich ein leidenschaftlicher Anhänger der Jagd war und einst seinen jagdlichen Vergnügungen in den Wäldern um Ludwigslust nachging. Was liegt näher, als die Jagd am Beispiel der Kunst an historischer Stätte vorzustellen.
Für die Mitarbeit am Katalog und der Ausstellung gilt mein herzlicher Dank Hela Baudis, Leiterin des Kupferstichkabinetts, Dr. Karin Annette Möller, Leiterin der Abteilung Kunsthandwerk, Heike Kramer, Leiterin Schloss Ludwigslust, Dr. Torsten Fried, Leiter des Münzkabinetts, Harald Knöppke, Metallrestaurator. Für die umfangreichen Restaurierungen zeichnen Vollrat Dreyer, Ursula Kanter, Harald Knöppke und Regina Kränz, Hamburg, verantwortlich.
Ich danke allen Mitarbeitern für ihr Engagement an dem vorliegenden Projekt.

Kornelia von Berswordt-Wallrabe

Von den fürstlichen Jagdherren

Heike Kramer
Torsten Fried

Es ist „durch viel hundert-jährigen Gebrauch in vielen Reichen und Landschafften der Welt, also auch in Teutschland, dahin gerathen, dass heute zu Tage nach allerley wilden Thieren zu jagen, und solche zu fangen und zu erlegen nicht jederman, und zumal nicht gemeinen Bürgern und Bauersleuten, nachgelassen, sondern solches allein den hohen Obrigkeiten der Länder und Städte ... zustehet und erlaubet ist."[1]

Ludwig Veit von Seckendorff, 1665

Herrschaft jedweder Art bedarf stets ihrer Legitimierung und zugleich einer Symbolik, die ihre Ausübung im gesellschaftlichen Bewusstsein verankert. Die Jagd als Teil adliger Herrschaftsrechte verdeutlicht in besonderer Weise, wie Herrschaftspraxis ihre symbolische Absicherung erfuhr. Im 18. Jahrhundert hatte sich auf Grund der Regalitätslehre das Jagdrecht des Landesherrn in Gänze ausgeprägt. Mehrere Aspekte wurden zur Begründung des alleinigen Jagdrechts des Souveräns herangezogen: "Und ist solche Einschränkung der natürlichen Freyheit entweder der hohen Obrigkeit, anfangs zu ihrer Ergetzlichkeit, oder aber dieweil sie bey der Menge der wilden Thiere, solche zu verfolgen die beste Macht und Mittel gehabt, eingräumet worden: Scheinet auch umb deßwillen nicht undienlich, damit nemblich der gemeine Mann bey seiner ordentlichen Handtierung desto mehr gelassen, und nicht durch unzeitigen und einsamen Gebrauch der Waffe, den die Jägerey erfordert, zu räuberischen Beginnen gewehnet und angeleitet werde."[2]

Mit den Jagdordnungen, die sich in den deutschen Fürstentümern nur wenig voneinander unterschieden, wurden die gesetzlichen Bestimmungen schriftlich fixiert und öffentlich bekanntgegeben. Sie legten fest, wer wann, wo, wie und was bejagen durfte. Zumeist verblieb der adligen Ritterschaft die niedere Jagd, während die hohe Jagd überwiegend dem Landesherrn vorbehalten war. Neben rein forstlichen Dingen wurden vor allem jagdpolizeiliche Belange geregelt, wie das Verbot und die Bestrafung unbefugten Jagens. Die Jagdgesetzgebung des 18. Jahrhunderts ist als überaus wildfreundlich zu bezeichnen. Schonzeiten, Schutz des Jungwildes sowie Maßnahmen gegen Raubtiere und wildernde Hunde zielten darauf, den Wildstand im Interesse hoher Strecken zu heben. Dies ging oft zu Lasten der ländlichen Bevölkerung, der nicht nur Abwehrmaßnahmen ausdrücklich untersagt wurden. Ferner hatten die Untertanen Jagdfrondienste zu leisten, die sie oft lange von ihrer eigenen Arbeit fernhielten.

Obwohl es den mecklenburgischen Herzögen nie gelang, den Absolutismus voll durchzusetzen, tat dies ihrem Repräsentationsbedürfnis keinen Abbruch. Herzog Friedrich Wilhelm (1675-1713, reg. ab 1692) ging mit großer Begeisterung dem

Unbekannt, Herzog Friedrich Wilhelm von Mecklenburg-Schwerin, Kat.Nr. 1

Weidwerk nach, insbesondere der Parforcejagd. Er verfügte Schonzeiten und ließ Tiergärten anlegen. Ferner bemühte er sich um die Vergrößerung seiner Reviere. 1702 gelang es ihm, mit der Stadt Rostock einen Vergleich abzuschließen, der ihm u. a. das Recht der Jagd in der Rostocker Heide auf Lebenszeit einräumte.

Gemäß der 1704 erlassenen fürstlichen Rangordnung, die 24 Klassen umfasste, nahm der oberste Jagdbeamte eine relativ hohe Stellung ein. Er gehörte zur 5. Klasse, zu der auch "Regierungs-Räthe/Land-Marschälle von denen Hertzogthümern Mecklenburg und Fürstenthum Schwerin/Vice-Praesident des Land- und Hoff-Gerichts/Direktor Justitiae und Direktor Consistorii"[3] zählten.

Gerade im 18. Jahrhundert stellte die Jagd als standesgemäßes Vergnügen nicht ausschließlich eine männliche Domäne dar, vielmehr verfolgten auch die Damen des Hofes das Jagdgeschehen mit Begeisterung. So blieb der Jagdeifer des Herzogs Friedrich Wilhelm nicht ohne Auswirkungen auf seine Gemahlin Sophie Charlotte (1678-1749). Ihr Bruder Friedrich, der seit 1720 als König in Schweden herrschte, bestallte sie 1721 zum Oberjägermeister im Herzogtum Pommern und der Herrschaft Wismar.[4]

Die Regierungszeit von Herzog Karl Leopold (1678-1747, reg. ab 1713) ist durch das erbarmungslose Ringen um die Durchsetzung absolutistischer Machtverhältnisse geprägt. Der Fürst war bestrebt, die Rechte der Stände, insbesondere der adligen Ritterschaft und der Stadt Rostock, einzuschränken und ihre Einflussnahme auf die Geschicke des Landes zu schwächen. Viele Entscheidungen Karl Leopolds lassen Selbstüberschätzung und wenig Gespür für die realen Verhältnisse erkennen. Völlig überzogen handelte er auch bei der Wahrnehmung seines Rechts auf die Vorjagd. Während im Vahrenholtzer Vergleich von 1611 insgesamt 59 Gebiete in den Herzogtümern Mecklenburg-Schwerin und Mecklenburg-Güstrow für die Vorjagd ausgewiesen waren, nahm deren Zahl unter Herzog Karl Leopold drastisch zu. Er schickte seine Mandate an über 470 adlige Güter im ganzen Land. Dabei war es unwichtig, ob und wann der Fürst von seinem Recht tatsächlich Gebrauch machte, der Jagdberechtigte hatte sich auf jeden Fall in seinem

Fürstliche Mecklenburgische
erneüerte und vermehrte
Forst- und Holtz- auch
Jagt- und Wild-
Ordnung /
Wie es nemlich in denen Forsten / Wäldern und Gehegen der gesambten Hertzog- und Fürstenthumben Mecklenburg / auch ratione der dazu gehörigen Gräntzen und Scheiden / hinfüro gehalten werden solle.
Publiciret Schwerin / den 29. April. ANNO 1706.
SCHWERIN /
Gedruckt bey Johann Lembcken / Fürstl. Hoff-Buchdr.

Forst-, Holz-, Jagd- und Wildordnung des Herzogs Friedrich Wilhelm von Mecklenburg-Schwerin vom 29. April 1706

eigenen Revier nicht nur der Jagd zu enthalten, sondern durfte den Wald vor Abschluss der Vorjagd auch anderweitig nicht nutzen.[5]

Auf Grund seiner vielfältigen politischen Verfehlungen wurde Karl Leopold schließlich der Regierung enthoben und 1728 Christian Ludwig II. (1683-1756) zum Kaiserlichen Administrator ernannt. Dieser zeigte ähnliches Interesse an prunkvollen Jagden, bewies darüber hinaus aber wesentlich mehr politische Weitsicht als sein Bruder. Christian Ludwig II. beendete die Auseinandersetzungen mit den Ständen und errichtete 1755 den Landesgrundgesetzlichen Erbvergleich, der bis 1918 die verfassungsmäßige Grundlage des Landes darstellte. Der Artikel 16 des Vergleichs handelt ausführlich "Von Jagd- und Holzsachen". In 14 Paragraphen wurden bislang strittige Fragen beigelegt, um jegliche Differenzen zwischen dem Landesherrn und den Ständen bezüglich des Jagdrechts ein für alle Mal zu beenden. Der Paragraph 304 galt in diesem Zusammenhang als einer der wichtigsten Punkte, denn er schrieb den Verzicht auf die fürstlichen Vorjagden fest. Andere althergebrachte Rechte, wie das Jagdablager oder das Recht der Folge, blieben auch künftig bestehen. Bemerkenswert ist ferner, dass zugunsten der Erhöhung der Jagdstrecke alle Schon- und Schutzbestimmungen, die durch den starken Rückgang der Wildbestände notwendig geworden waren, nun wieder aufgehoben wurden.

Herzog Friedrich (1717-1785, reg. ab 1756) teilte zwar nicht die Passion seiner Vorgänger, dennoch wählte er unmittelbar nach dem Regierungsantritt das Jagdschloss Klenow zum ständigen Wohnsitz. Der reiche Wildbestand war weniger ausschlaggebend für diese Entscheidung als vielmehr die Möglichkeit, hier ungestört arbeiten und die Pläne einer prachtvollen Residenz verwirklichen zu können. Wohl war dem Herzog die Bedeutung der Jagd als Repräsentationsmöglichkeit bewusst, doch schien ihm mehr daran gelegen zu sein, prunkvolle Jagden für hohe Gäste, wie für den Bischof von Osnabrück 1783, ausrichten zu lassen, als selbst aktiv in Erscheinung zu treten. Dies ist für die damalige Zeit zwar selten, aber nicht außergewöhnlich; auch König Friedrich II.

von Preußen verzichtete auf die Jagdausübung.

Im Gegensatz zu Herzog Friedrich entwickelte Friedrich Franz I. (1756-1837, reg. ab 1785, ab 1815 Großherzog) eine ausgeprägte Jagdleidenschaft. Beredtes Zeugnis für seine Passion ist das Jagdbuch, welches er von 1796 bis 1833 führte. In ihm sind nicht nur die Erfolge des Fürsten vermerkt, sondern auch die Ergebnisse der übrigen Jagdgesellschaft festgehalten.[6] Selbst Gründe für weniger erfolgreiche Jagden, wie zum Beispiel schlechtes Wetter oder Unwohlsein des Fürsten, wurden verzeichnet. Jährlich verbrachte Friedrich Franz I. von September bis zu seinem Geburtstag am 10. Dezember mehrere Wochen mit der Jagd. Regelmäßig veranstaltete er im September ausgedehnte Hirschjagden in der Lewitz sowie Parforcejagden in Friedrichsthal. Bei den Klapperjagden zwischen Oktober und November wurden vor allem Rehe, Hasen, Füchse und Feldhühner geschossen. Höhepunkt im November war die Saujagd. Nur die Besetzung Mecklenburgs durch die Franzosen konnte Friedrich Franz I. von dieser Passion abhalten. Bis ins hohe Alter beteiligte er sich am Jagdgeschehen und brachte so im Laufe seines Lebens eine beachtliche Zahl Wildes zur Strecke.

Im 19. Jahrhundert änderte sich die gesellschaftliche Rolle der Jagd, insbesondere ihre Symbolhaftigkeit in Bezug auf adlige Herrschaftsrechte. Seit der Französischen Revolution wurde die Forderung nach Aufhebung des Jagdregals in Deutschland immer nachdrücklicher erhoben, da es als Relikt der alten feudalen Ordnung galt. Weitsichtige Standesherren, wie der liberal gesonnene Karl Fürst zu Leiningen, erklärten damals von sich aus ihren Verzicht auf diese überkommenen Feudalrechte. Zur entscheidenden Zäsur wurde die Revolution von 1848/49, brachte sie doch die Freigabe der Jagd zugunsten der Grundeigentümer. Allerdings wurden in Mecklenburg mit dem Freienwalder Schiedsspruch von 1850 die vorherigen Jagdgerechtigkeiten wiederhergestellt.[7] Die Jagd blieb ein Betätigungsfeld des Adels, aber im Beziehungsgeflecht von Kultur und Status wurde ihre Position in der Gesellschaft neu definiert. Letztendlich hatten die Französische Revolution und die Befreiungskriege entscheidende Impulse geliefert, um auch den beiden Mecklenburg den Weg in das bürgerliche Zeitalter zu weisen,[8] in dem die höfische Jagd als Ausdruck feudaler Herrschaftspraxis keinen Platz mehr hatte.

1 Seckendorff 1665, S. 442
2 Ebenda, Der "Fürstenstaat", das Hauptwerk von Seckendorffs, galt bis ins 18. Jahrhundert als Handbuch der Verwaltungslehre und war eine Art Verfassungstext und politische Programmschrift, die speziell auf die Verhältnisse des deutschen Kleinstaates zugeschitten war.
3 Zitiert nach Wieden 1999, S. 17f.
4 LHA Schwerin, Kabinett I, 3935
5 Vgl. Köster 1929, S. 30f.
6 LHA Schwerin, Kabinett I, 4073, Selbstgeführtes Jagdbuch 1796-1833
7 Voß 1993, S. 101
8 Rakow, Peter-Joachim, Repräsentation und Politik. Hof und Adel im 18. Jahrhundert, in: Kat. 1000 Jahre, 1995, S. 317

Georg David Matthieu, Herzog Friedrich von Mecklenburg-Schwerin, Kat.Nr. 4

1 Unbekannt
Herzog Friedrich Wilhelm von Mecklenburg-Schwerin
Kupferstich
14,7 x 10 cm, Blatt beschnitten
Bez. unten: FRIDERICH WILHELM / Regierender / Hertzog zu Mecklenburg
Herkunft: Alter Bestand
Inv.Nr. 19364 Gr.
Literatur: unveröffentlicht

Christian Fritzsch, Herzog Karl Leopold von Mecklenburg-Schwerin, Kat.Nr. 2

2 Christian Fritzsch
Sachsen 1695-1769 Schiffbek (heute zu Hamburg)
Herzog Karl Leopold von Mecklenburg-Schwerin, 1735
Kupferstich
16,7 x 9,9 cm, Blatt beschnitten
Bez. unten: Carol Leopold / Regirender Herzog / zu Mecklenburg / 1735 C. Fritzsch sculps. Hamb:
Herkunft: Alter Bestand
Inv.Nr. 19739 Gr.
Lit: unveröffentlicht

3 Charles Maucourt
Paris 1718 - 1768 London
Herzog Christian Ludwig II. von Mecklenburg-Schwerin, 1752
Öl auf Leinwand
142 x 110,5 cm
Bez. links oben: Maucourt Pinxit / 1752.
Herkunft: Alter Bestand
Inv.Nr. G 276
Literatur: Josephi 1926, S. 64, Th-B XXIV, S. 273, Kat. SMS Schwerin 1985, Abb. S. 23, Kat. 1000 Jahre 1995, Nr. 6.1, Abb. S. 313
Ausstellungen: 1985 SMS "Schwerin in der bildenden Kunst", 1995 SMS, Schloss Güstrow, "1000 Jahre Mecklenburg"

Sein ausgeprägtes Repräsentationsbedürfnis verwirklichte Herzog Christian Ludwig II. auf vielfältige Weise. Neben prunkvollen Jagden dienten auch hochkarätige Kunstschätze, die er mit bemerkenswerter Sachkenntnis zusammentrug, der Inszenierung fürstlicher Macht. Dies

Charles Maucourt, Herzog Christian Ludwig II. von Mecklenburg-Schwerin, Kat.Nr. 3

widerspiegelt sich vor allem in der Verpflichtung namhafter Künstler, wie Jean-Baptiste Oudry, Antoine Pesne oder Christian Wilhelm Ernst Dietrich. Als hervorragendes Fürstenporträt der Schweriner Sammlung gilt das des französischen Künstlers Charles Maucourt. Es zeigt den etwa 70-jährigen Herzog in Lebensgröße im für die höfische Malerei bevorzugten Dreiviertelprofil.

4 Georg David Matthieu
Berlin 1737 - 1778 Ludwigslust
Herzog Friedrich von Mecklenburg-Schwerin, 1776
Öl auf Leinwand
130 x 102 cm
Bez. vorn in der Mitte: G. D. Matthieu 1776
Herkunft: Alter Bestand
Inv.Nr. G 254
Literatur: Steinmann/Witte 1911, Nr. 46, Kat. SMS 18. Jh. 1954, Nr. 232, Kat. SMS Matthieu 1978, Nr. 39, Abb. S. 50
Ausstellungen: Staatliche Schlösser und Gärten Potsdam-Sanssouci 1978

Herzog Friedrich war ganz im Sinne der Aufklärung ein Liebhaber der Künste, Wissenschaften und Technik, was sich nicht zuletzt in der bauplastischen Ausstattung des Schlosses Ludwigslust mit 40 allegorischen Figuren widerspiegelt. Das Porträt, welches Matthieu im Jahr der Rohbaufertigstellung des Schlosses 1776 malte, zeigt den Herzog sitzend mit einem Folianten in den Händen. Es ist ein Buch über die Baukunst der römischen Antike von Giovanni Battista Piranesi, das zum Bestand der herzoglichen Bibliothek zählte. Im Hintergrund ist als reliefplastischer Wanddekor die Allegorie der Architektur zu erkennen. Als ein weiteres Detail fällt das blaue Band des dänischen Elefantenordens auf, das im deutlichen Kontrast zum orangefarbenen Kostüm steht. Das daran befestigte Kleinod zeigt einen weißemaillierten Elefanten. Das für seine Stärke bekannte Tier steht hier als Sinnbild für den weisen und mächtigen Fürsten. Der Ordensstern, den Friedrich auf der linken Brust trägt, ist durch die Komposition im Dreiviertelprofil auf diesem Porträt zu sehen. Lässt sich der Elefantenorden als Ritterorden definieren, so bleibt anzumerken, dass eine besondere Form dieser Gemeinschaften die Jagdorden bildeten. Im Jahre 1713 wurde in Mecklenburg der "Orden vom getreuen Hirschfänger" gestiftet.

5 Rudolf Suhrlandt
Ludwigslust 1781 - 1862 Schwerin
Großherzog Friedrich Franz I. von Mecklenburg-Schwerin, 1817
Öl auf Leinwand
96 x 77 cm
Bez. rechts unten: R. Suhrlandt pinx. 1817
Herkunft: Alter Bestand
Inv.Nr. G 1363
Literatur: Faltbl. SMS Suhrlandt 1987

Für Großherzog Friedrich Franz I. war die Jagd sowohl sportlich-passionierte Repräsentation als auch fürstliches Vergnügen: "Er reitet schön, und findet an dieser Leibesübung, wie auch an den Jagdlustbarkeiten großes Vergnügen; vorzüglich ist er ein Liebhaber der wilden Schweinsjagd ... Wenn seine Jagdgefährten sich am Abend ermüdet nach Ruhe sehnen, so sitzet er noch bis spät in die Nacht ... an seinem Arbeitspult".[1]

1 Nugent 1781/82, S. 282, Anm. des Übersetzers Prof. Karstens

Rudolf Suhrlandt, Großherzog Friedrich Franz I. von Mecklenburg-Schwerin, Kat.Nr. 5

Rudolf Suhrlandt, Herzog Gustav zu Mecklenburg, Kat.Nr. 6

6 Rudolf Suhrlandt
Ludwigslust 1781 - 1862 Schwerin
Herzog Gustav zu Mecklenburg, 1839
Öl auf Leinwand
96 x 74 cm
Bez. rechts unten: R. Suhrlandt / 1839
Herkunft: Alter Bestand
Inv.Nr. G 1499
Literatur: Faltbl. SMS Suhrlandt 1987, Voß 1993, Abb. S. 65
Ausstellungen: 1987 SMS "Rudolf Suhrlandt zum 125. Todestag"

Herzog Gustav (1781-1857), der zweitgeborene Sohn des Großherzogs Friedrich Franz I., entwickelte eine ähnlich ausgeprägte Passion wie sein Vater. Sein bevorzugtes Jagdgebiet lag westlich von Ludwigslust, in der Hagenower Heide. Von Redefin und Eickhof aus jagte er alljährlich auch in den Revieren der Kalisser Forstinspektion. 1820 ließ er sich auf der Feldmark Kuhstorf ein Jagdhaus errichten. Das Gemälde des Hofporträtmalers Rudolf Suhrlandt zeigt den Herzog im schlichten Jagdkostüm und mit einem Perkussionsgewehr, das zu seiner Zeit als moderne Waffe galt.

7 Hans Friedrich Freiherr von Flemming
2. Hälfte 17. Jh. - nach 1726
Der vollkommene Teutsche Jäger
Erschienen: Leipzig 1719 (Hauptteil I), 1724 (Hauptteil II)
Verleger: Johann Christian Martini
Einband Pergament, zahlreiche Abbildungen
35,3 x 23,0 cm
Herkunft: Alter Bestand
Inv.Nr. 47 B

Flemming studierte in Tübingen und Strassburg und bereiste England, Frankreich, Holland und Deutschland. 1702 wurde er unter August dem Starken

Des
Vollkommenen
Teutschen Jägers
Anderer Haupt-Theil,
Darinnen nicht allein
Die in dem Ersten Theil vorgetragene Materien
Von der Erde, den Gebürgen, Kräutern, Bäumen, Wäldern, Witterungen, Mineralien, wilden Thieren, Vögeln,
und andern
Jagd- und Forst-Sachen,
Mit neuen Physicalischen, Historischen und Oeconomischen Anmerckungen
und Zusätzen erläutert und vollständiger abgehandelt,
Sondern auch unterschiedene
Neue und auserlesene Jagd- und Forst-Sachen
gelehret werden,
Deme auch zugleich der wohlunterrichtete
Teutsche Fischer
mit angefüget ist,
Nebst vielen darzu dienenden Kupffern
ausgearbeitet
von
Hanns Friedrich von Fleming
Burg- und Schloß-Gesessen auf Böcke, Martenthin und Zebin, Erbherr auf
Weissach und Gahro.
Leipzig, im Jahr 1724.
Verlegts Johann Christian Martini, Buchh. in der Nicolai-Strasse.

Titelblatt, Hauptteil II, Kat.Nr. 7

Oberstleutnant, später polnischer Kammerherr und kursächsischer Oberforst- und Wildmeister. Bekannt wurde er mit seinem Werk "Der vollkommene Teutsche Jäger", das in zwei Bänden in Leipzig zwischen 1719 und 1724 erschien. Eine weitere Auflage folgte 1749. Ein Unbekannter fertigte einen Auszug daraus "Kurzer Begriff der edeln Jägerei", der von 1730 bis 1745 in vier Auflagen veröffentlicht wurde. Das Werk gliedert sich in zwei Hauptteile, die jeweils aus fünf Teilen bestehen. Neben einer Beschreibung geographischer Gegebenheiten werden Tierarten ausführlich behandelt. Daneben bilden Jagdformen und entsprechende Ausrüstungsgegenstände Schwerpunkte.

Von den Jagdschlössern und Jagdrevieren

Heike Kramer

"Zur Sommers-Zeit pflegen sich die grossen Herren gemeiniglich auf ihre Lust-Schlösser und Jagt-Häuser zu begeben, und daselbst mit Jagten und allerhand Arten der Lustbarkeiten zu divertiren." [1] Julius Bernhard von Rohr, 1733

Die Jagd galt als eine der vornehmsten Fürstentugenden. Sie wurde nach den Regeln des Zeremoniells inszeniert und zum Spiegel fürstlicher Staatsführung. Dementsprechend unterlag auch das gestaltete Umfeld der Jagd den Regeln der Architekturtheorie und Zeremonialwissenschaft. Im 18. Jahrhundert prägte die im Barock vorherrschende axialsymmetrische Komposition die Jagdschlösser der Herzöge von Mecklenburg-Schwerin. Nicht selten war die Nähe eines Jagdgebietes entscheidend für die Errichtung oder Verlegung der Residenz.

Herzog Friedrich Wilhelm, der mit großer Leidenschaft der Parforcejagd nachging, verlegte 1702 seine Residenz von Schwerin nach Rostock, u. a. weil ihm die Stadt auf Lebenszeit das Recht der Hirschjagd in der Rostocker Heide gewährte.[2] Ein Privileg, das Herzog Karl Leopold für sich nicht nur in Anspruch nahm, sondern durch die Order erweiterte, die Rostocker mögen sich der Jagd in der Heide gänzlich enthalten. Durch diese und ähnliche Eingriffe in ihre Rechte sah sich die Stadt zur Klage beim Kaiser in Wien genötigt. Per Mandat vom 28. 03. 1714 wurde dem Herzog "bei 10 Mark Goldes verboten, die Rostocker in ihrer Jagdgerechtigkeit zu turbieren."[3] Es sollte nicht die letzte Maßregelung gegen den Herzog gewesen sein. 1718 beschloss Karl Leopold, das unweit von Rostock gelegene herzogliche Jagdhaus Gelbensande durch eine zeitgemäße großzügige Dreiflügelanlage mit regelmäßigem Garten zu ersetzen.[4] Doch konnten die von Christian Friedrich Gottlieb von dem Knesebeck entworfenen Pläne nicht ausgeführt werden. Zu unruhig waren die Zeiten; durch seine ungeschickte Politik hatte sich der Herzog viele Feinde gemacht, und auch sein Bündnispartner, Zar Peter I., versagte ihm die Unterstützung.

Etwa zur selben Zeit versuchte Prinz Christian Ludwig im Südwesten Mecklenburgs das Jagdglück zu finden. In einem Vergleich hatte Herzog Friedrich Wilhelm 1708 seinem jüngsten Bruder das Amt Grabow als Apanage überlassen "mit allen Gerechtigkeiten auch der hohen und niederen Jagd gegen einen Anschlag von 4.000 Thlr."[5]

Die Schlösser zu Grabow (bis 1725) und Neustadt wurden Wohnsitz des Prinzen, die wald- und wildreichen Wälder des Amtes sein bevorzugtes Jagdrevier. Da zwischen Neustadt, Grabow und Klenow weite Teile umzäunt waren, hatte sich hier

Johann Alexander Thiele, Großer Prospekt von Schwerin, Kat.Nr. 8

ein stattlicher Rotwildbestand entwickelt.[6] Das ebene Gelände erwies sich als ein ideales Terrain für ausgedehnte Parforcejagden. Ab 1724 begann Christian Ludwig mit der Errichtung eines Jagdhauses, zunächst in der Nähe des Domanialdorfes Klenow, dann - sich dem massiven Widerstand des Herzogs Karl Leopold beugend - nahe dem Dorf Kummer. Der Herzog weigerte sich, den Vergleich von 1708 zu akzeptieren, und vereitelte abermals den Bau des Jagdquartieres.

In der ihm eigenen Art, bestehende Gesetze und Verträge zu ignorieren, versuchte er, den Prinzen sowohl am Bauen als auch an der Jagd zu hindern. Erst mit der Entmachtung Karl Leopolds und der Ernennung Christian Ludwigs zum Kaiserlichen Administrator des Landes konnte der Bau des Jagdschlosses in Klenow voranschreiten.

Unter Leitung des Architekten Johann Friedrich Künnecke (vor 1700-1738) wurde das Jagdschloss 1731-1734 als dreiflüglige Fachwerkanlage errichtet.[7] Die Mittelachse des langgestreckten eingeschossigen Corps de logis betonte ein zweigeschossiger Risalit. Die flankierenden Nebengebäude enthielten Küche, Pferdestall und Kavalierswohnungen. Nach Süden wurde der Cour de honneur durch Wachhäuschen und einen Staket-

Dietrich Findorff, Jagdschloß Klenow, Kat.Nr. 10

zaun abgeschlossen. Nördlich des Schlosses entstand ein rechteckiger Garten, der von Hainbuchenhecken und teilweise von Mauern und Palisaden umgeben war. Dieser Garten entsprach etwa der Fläche des heutigen Rasenparterres. Auf dem um 1735 von Künnecke gezeichneten Plan[8] ist die noch heute vorhandene Lindenallee zu erkennen, die in Ost-West-Richtung zum Festplatz führt. Hier errichtete Künnecke kleinere Pavillons und ein größeres Lusthaus,[9] "das inwendig mit den schönsten Gemälden der berühmtesten Meister ausgeziert" war.[10] In Richtung Kummer wurde eine lange Schneise ins Holz geschlagen. Der zum Ende der Regierungszeit des Herzogs Christian Ludwig II. entstandene "Plan von der Wildbahn zu Ludwigslust und der Feldmarkte Kleinow ..."[11] zeigt das waldige Gebiet von zahlreichen langen Schneise durchzogen. Dominierend ist der 14-strahlige Jagdstern, dessen Achsen als Reit- und Fahrwege angelegt waren und sich unterschiedlich lang durch das Revier erstreckten. Der Jagdstern – meist als Achtstrahl und gelegentlich mit einem Jagdhaus im Zentrum gestaltet (Jagdschloss Clemenswerth, Jagdhaus Stern bei Potsdam) – gehörte zum Standard und war unentbehrlich für die Ausrichtung prunkvoller Parforcejagden. Dabei dienten die Schneisen nicht nur als Sicht- und Orientierungsbahnen. Gut ausgebaute Wege erleichterten die Bewegung großer Jagdgesellschaften im Gelände und gestatteten auch den Einsatz von Kutschen und Wagen.

Bis zum Tod des Herzogs Christian Ludwig II. blieb Klenow, das seit 1754 Ludwigslust genannt wurde, Nebenresidenz während der Jagdsaison. Herzog Friedrich beschloss mit dem Regierungsantritt 1756, die Hofhaltung dauerhaft von Schwerin nach Ludwigslust zu verlegen, denn "hier könnte er, fern von allen Zerstreuungen, weit bequemer arbeiten als in Schwerin, wo sich Wohlstands halber viele zerstreuende und unnütze Vergnügungen nicht gut würden vermeiden lassen."[12] Unter der Leitung des Baumeisters Johann Joachim Busch (1720-1802) entstand die neue Hauptresidenz.[13] Die Vorzüge des Jagdreviers dürften bei der Entscheidung für Ludwigslust eher sekundär gewesen sein, da Friedrich kein so passionierter Jäger war wie seine Vorgänger. Zwar interessierte er sich für Pferde, ritt aber nicht selbst, da er "einst durch einen sehr gefährlichen Fall von dieser Leibesübung abgeschreckt worden" war.[14]

Um so größer war sein Interesse für seltene und exotische Tiere. Im Laufe seiner Regierungszeit wurde aus weiten Teilen der Wildbahn ein kunstvoller Garten, den neben ausländischen Gehölzen, Wasserspielen und Parkarchitekturen auch Tiergehege und Volieren prägten. Unter anderem wurden in Ludwigslust mehrere Dromedare, Affen, Meerschweinchen und Büffel gehalten. Nordwestlich der großen Schneise nach Schwerin, der späteren Hofdamenallee, ließ Friedrich einen Tiergarten anlegen. In diesem wurden weiße Damhirsche, ein Geschenk des Herzogs von Württemberg, gehalten. Doch gelang es nicht, diese Tiere hier heimisch zu

Johann Melchior Roos, Weißes Damwild, Kat.Nr. 11

machen. Etwas mehr Glück hatte man mit der Zucht von Fasanen. Über Bauzeit, Standort und Gestalt des ersten Fasanenhauses im Schlosspark Ludwigslust ist nichts näheres bekannt. Es muss wohl, wie die meisten frühen Bauten, ein schlichtes hölzernes Gebäude gewesen sein. 1774 wird berichtet, dass das Dach des Fasanenhauses reparaturbedürftig ist "und in demselben auch ein Ofen und eine Sperrwand von dem Behältnis des Murmeltieres und dem Stachelschwein schadhaft geworden" sei.[15] 1778 entstand am nordwestlichen Rand des Schlossparks eine neue Fasanerie[16] in Gestalt einer Burgruine über kreuzförmigem Grundriss. Der im Zentrum gelegene Turm erhielt eine Kuppel, die "mit Linien und Blattgewinden bemalt"[17] war. Ein separates Bruthaus wurde nördlich der Fasanerie

Unbekannt, Fasan, Kat.Nr. 14

errichtet, in dem neben Fasanen auch Puten und Auerhühner noch bis ins späte 19. Jahrhundert hinein gezüchtet wurden. Als Friedrich Franz I. nach dem Tod seines Onkels im Jahre 1785 die Regierungsgeschäfte übernimmt, bleibt Ludwigslust weiterhin Hauptresidenz, doch erfahren auch andere Orte als Jagd- oder Nebenresidenz die besondere Aufmerksamkeit des Fürsten. 1791 wird das Jagdschloss Friedrichsmoor gebaut. Der Name des Ortes ist auf Herzog Friedrich Wilhelm zurückzuführen, der bereits um 1704 im südlichen Ausläufer der Waldlewitz ein einfaches Jagdhaus nach Plänen von Jacob Reutz (gest. 1710) errichten ließ.[18] Es war ein reetgedecktes, mit Brettern verkleidetes Blockhaus, über welches Nugent "nicht viel Merkwürdiges" zu berichten hatte. Zur Zierde des Saales hatte Friedrich Wilhelm "alle seine alten Jäger in Lebensgröße durch einen Juden abconterfeien lassen, die sehr ähnlich getroffen sind, als wenn sie lebten."[19]

Unter Friedrich Franz I. entstand eine in ihrer Disposition noch dem Barock verpflichtete Fachwerkanlage nach Entwurf von Johann Christoff Heinrich von Seydewitz (gest. 1824). Sie besteht aus einem Haupthaus und seitlich anschließenden Wirtschaftsgebäuden. Dem nach Norden gerichteten Ehrenhof entspricht ein rechteckiger, einst von Hainbuchenhecken umgebener Garten auf der Südseite. Eine kilometerlange, schnurgerade Allee, die unweit von Ludwigslust an der Chaussee nach Neustadt beginnt, führt axial auf die Anlage zu und setzt sich nördlich in einer Schneise fort.

Es gab weitere Schneisen und Achsen, die sowohl im ästhetischen Sinne als auch im Dienste der Jagd angelegt wurden, ein Jagdstern ist allerdings für Friedrichsmoor nicht nachweisbar. Friedrich Franz I. ver-

Herrmann Krabbes, Jagdschloss Friedrichsmoor, Kat.Nr. 9

anstaltete regelmäßig im September ausgedehnte Hirschjagden in der Lewitz. Davon kündeten zahlreiche Trophäen, mit denen die Räume des Schlosses ausgestattet waren. Im chronologischen Verzeichnis von Bölte aus den Jahren 1878/1879[20] sind insgesamt 82 Geweihe aufgeführt. Unter Position 1 und 2 erscheinen zwei 12-Ender, die vor 1800 von Herzogin Louise, Gemahlin von Friedrich Franz I., erlegt worden waren. An sechster Stelle nennt Bölte einen 32-Ender als die "Perle der Sammlung: Dieser Hirsch von 32 Enden wurde in der Brunftzeit 1820 von Sr. Königlichen Hoheit, dem Großherzoge Friedrich Franz I., auf der Ruscher Gansehorst angeschossen und im Spätherbste desselben Jahres als Kümmerer vom derzeitigen Hofjäger Ever todtgeschossen." [21]

Kurz nach Fertigstellung des Jagdschlosses Friedrichsmoor ließ Friedrich Franz I. nordwestlich von Schwerin ein weiteres Gebäude zum Jagdquartier umgestalten. Das von Johann Cornelius Christopherus Barca[22] (um 1750-1834) im Jahre 1789 errichtete Brandensteinsche Wohnhaus am Hellkrug, wurde 1798 durch von Seydewitz aufgestockt und zum Jagdschloss Friedrichsthal[23] ausgebaut. Es entstand ein Friedrichsmoor vergleichbares Ensemble aus unverputztem Fachwerk, bestehend aus Haupthaus mit flankierenden Wirtschaftsbauten und Kavaliershäusern sowie - jenseits der 1798 angelegten Lärchenallee - Gärtner- und

Das Frühstück auf dem Rasen, Detail der Jagdtapete

Hundehäusern. Für die Ausstattung des Gartensaales erwarb Friedrich Franz I. eine kostbare Bildtapete, die verschiedene Szenen einer Parforcejagd schildert. Sie ist um 1815 in Paris in der Werkstatt von Jaquemart & Bernard nach Entwürfen von Charles Vernet (1758-1836) entstanden. [24] Unter Großherzog Friedrich Franz I. hatte die höfische Jagd einen besonderen Höhepunkt erfahren. Als letzte nennenswerte Jagdresidenz wurde im Auftrag des Großherzogs Friedrich Franz III. 1885-1887 das Jagdschloss Gelbensande unter der Leitung von Gotthilf Ludwig Möckel (1838-1915) gebaut. Das nahe der Ostsee errichtete private Familiendomizil sollte dem lungenkranken Großherzog die Lebensumstände erleichtern. Zudem war es dank seiner Lage in einem der etablierten fürstlichen Jagdreviere ein beliebter Ort der Begegnung des europäischen Adels. Neben Gelbensande galt auch Schloss Ludwigslust als eines der wichtigsten fürstlichen Jagdquartiere. 1879 erfolgte die Umgestaltung des Kirchensaales zum Jagdsaal nach Plänen des Hofbaumeisters Hermann Willebrand (1816-1899). Zahlreiche Trophäen legen beredtes Zeugnis ab von der bis ins 20. Jahrhundert andauernden Jagdleidenschaft der mecklenburgischen Fürsten und ihrer adligen Gäste.

1 Julius Bernhard von Rohr, Einleitung zur Ceremonielwissenschaft der grossen Herren, Berlin 1733, Neudruck Leipzig 1990, S. 859

2 Ludwig Köster, Die Jagd in der Rostocker Heide und das Jagdrecht in Mecklenburg in der frühen Neuzeit bis zur Gegenwart, Wismar 1929

3 Ebenda S. 27

4 Wilfried Steinmüller, Das Jagdschloß Gelbensande, Rövershagen o. J.

5 Theodor Bölte, Zur Geschichte mecklenburgischer Jagdschlösser und Jagdhäuser, in: Bericht über die VI. Versammlung des Vereins Mecklenburgischer Forstwirthe in Malchin am 5. und 6. Juli 1878. Schwerin 1879, S. 83

6 Elke Krügener, Tiergarten aus der Vogelperspektive, in: Mecklenburg Magazin Nr. 3, 02.02.1996, S. 11

7 Zur Tätigkeit Künneckes in Mecklenburg vergleiche Carsten Neumann, Das Schaffen des Architekten Johann Friedrich Künnecke, Magisterarbeit (MS) Greifswald 1996; zur Baugeschichte des Jagdschlosses ferner: Gerd Dettmann, Das alte Schloß in Kleinow, in: Jbb. des Vereins für meckl. Gesch. u. Altertumskunde, Schwerin 1922, S. 3-18

8 LHA Schwerin, Kartenbestand Ludwigslust Nr. LXXI

9 Mehrere Entwürfe Künneckes für Lust- oder Gartenhäuser verwahrt das Kupferstichkabinett des Staatlichen Museum Schwerin

10 Nugent 1781/82, S. 238

11 LHA Schwerin, Kartenbestand Ludwigslust Nr. II.

12 Nugent 1781/82, S. 247

13 Zur Baugeschichte der Residenz vgl. Heike Kramer, Barockresidenz Ludwigslust, Berlin 1997 (Der historische Ort, 19)

14 Nugent 1781/82, S. 243

15 Zitiert nach Wilhelmine Dieckmann, Zum Tiergehege im Schloßpark. - unveröffentlichtes Manuskript 1994

16 Datierung nach Schlie, S.232

17 E. Saubert, Der Großherzogliche Schloßgarten zu Ludwigslust, Ludwigslust 1899 (Neudruck 1996), S. 109

18 Die Daten zur Baugeschichte folgen im Wesentlichen den Angaben der Objektakte im LAfD Schwerin sowie Feige, Eckhard, Jagdschloß Friedrichsmoor, in: Land & Leute, H. 1, 1961, S. 17-19

19 Havemanns Chronik der Stadt Schwerin, zitiert nach Bölte, wie Anm. (5), S. 82, laut Bölte kamen die Bilder später in die Großherzogliche Gemäldegalerie des Schweriner Schlosses. Über ihren Verbleib ist nichts bekannt.

20 Wie Anm. 5, S. 91ff

21 Über den Verbleib der Trophäensammlung ist nichts bekannt.

22 Vater des späteren Ludwigsluster Hofbaumeisters Johann Georg Christian Barca (1781-1826)

23 Wie Anm. 18

24 1964 wurde die Tapete von Friedrichthal nach Friedrichsmoor umgesetzt. Inzwischen stark restaurierungbedürftig wird sie seit 1997 im LAfD Schwerin verwahrt.

8 Johann Alexander Thiele
Erfurt 1685-1752 Dresden
Großer Prospekt von Schwerin, 1750
Öl auf Leinwand
111 x 170 cm
Bez. links unten: Prospect der Herzogl. Mecklbg. Residenz und Stadt Swerin aufgenommen von der Höhe zwischen der Alten Schanze und dem Schloßgarten und in die Mahlerey gebracht von Alex. Thielen K.P.H.C. 1750
Herkunft: 1952 aus Schloss Ludwigslust
Inv.Nr. G 208
Literatur: M. Stübel, Der Landschaftsmaler J. A. Thiele, Berlin 1914, S. 45, H. Mansfeld, Die mecklenburgischen Zeichnungen und Prospekte J. A. Thieles, Schwerin 1952, S. 37 I, Mansfeld 1954, 366, Kat. SMS Schwerin 1985, Nr. 7
Ausstellung: 1985 SMS "Schwerin in der bildenden Kunst der Jahrhunderte"

Die Landschaftsmalerei stand im 18. Jahrhundert noch im Schatten der Bildniskunst, da es vorrangig galt, den Bedarf an repräsentativen Porträts zu befriedigen, doch gewann sie nicht zuletzt dank der von Johann Alexander Thiele maßgeblich entwickelten Prospektmalerei zunehmend an Bedeutung. 1749 beauftragte Herzog Christian Ludwig II. den sächsischen Hofmaler, 16 große und 12 kleine Ansichten Mecklenburgs zu malen.
Die große Schweriner Ansicht zeigt im Vordergrund die Jägerwiese mit Staffagefiguren. In der Mitte der fürstlichen Gesellschaft ist Herzog Christian Ludwig II. zu erkennen, begleitet von Jägern und einer Hundemeute. Durch die Luftperspektive weit in den Hintergrund gerückt, erscheint links die Silhouette der Stadt und rechts die im Burgsee liegende Insel mit dem Renaissanceschloss, der altehrwürdigen Hauptresidenz der Mecklenburgischen Herzöge. Die Tiefenwirkung des Raumes wird zusätzlich gesteigert durch die entsprechend barocken Kompositionsprinzipien als Repoussoirs gesetzten Bäume an den Bildrändern.
Durch den Tod des Künstlers im Jahre 1752 blieb der Auftrag unvollendet. Von den 28 bestellten Gemälden sind heute nur dieser große und zwei kleine Prospekte von Schwerin erhalten. Nicht zur Ausführung gelangten u. a. Ansichten von Orten nahe der Jagdreviere wie Klenow, Neustadt und Kraak sowie Prospekte der Seestädte Wismar und Rostock oder der Residenzstadt Güstrow, die zugleich Sitz des Landgerichtes war. Die im Schweriner Kupferstichkabinett aufbewahrten Vorzeichnungen Thieles legen den Schluss nahe, dass Christian Ludwig II. in diesen Landschaftsbildern eine Art Rückversicherung und Dokumentation seines Herrschaftsbereiches sah.

9 Hermann Krabbes
Leipzig 1840-1920 Karlsruhe
Jagdschloss Friedrichsmoor
Lithografie, tonig gedruckt
26,2 x 34,5 cm (17,2 x 23,1 cm)
Bez. unten links: H. Krabbes
Herkunft: Alter Bestand
Inv.Nr. 1304 Gr.
Literatur: Peter Hansson, Attraktiver Bildersaal des Landes, in: Mecklenburg Magazin Nr. 8, 25. 02. 2000

Das Blatt zeigt den Garten und die Südfassade des Jagdschlosses Friedrichsmoor in der Lewitz. Links und rechts des Haupthauses sind die Giebel der schlichten Seitenflügel zu erkennen, die den Ehrenhof auf der Nordseite bilden. Es ist eine der wenigen noch erhaltenen historischen Ansichten des Jagdschlosses. Nach der Vorlage eines unbekannten

Zeichners fertigte Hermann Krabbes die Lithografie, die als Illustration für das "ALBUM Mecklenburgischer Schlösser und Landgüter" 1863 erschien.

10 Dietrich Findorff
Lauenburg 1722-1772 Ludwigslust
Ansicht von dem Gerüst der neuen Kirche nach dem Herzoglichen Hause in Ludwigslust

Radierung
43,8 x 56,6 cm (40,3 x 51,4 cm)
Bez. rechts unten: Findorff. 1767
Herkunft: Alter Bestand
Inv.Nr. 1633 Gr.
Literatur: H.-P. Meyer-Bothling, Dietrich Findorff, Kammerdiener und Hofmaler in Schwerin und Ludwigslust, Bad Bevensen 1990,
Kat. 1000 Jahre 1995, Nr. 6.8.1.
Ausstellung: 1995 SMS, Schloß Güstrow, "1000 Jahre Mecklenburg"

Der Hofmaler Dietrich Findorff hat mit einer Fülle von Kupferstichen den Aufbau des neuen Fürstensitzes in Ludwigslust dokumentiert. Neben kleinformatigen Ansichten des alten Dorfes, die bäuerliche Szenen in Anlehnung an die niederländische Kunst zeigen, ragen die großen Prospekte heraus, die den Wandel des ländlichen Umfeldes zu einer höfischen Residenz widerspiegeln. Bemerkenswerte Szenen waren um 1765 im Park entstanden, während das Zentrum der Anlage, das Schloss, erst später vollendet wurde. Entsprechend ausführlich beschreibt Thomas Nugent in seinen Reisebriefen den Schlosspark. Für die Illustration seines Buches fertigte Findorff eine Serie von sieben Ansichten. Von besonderem Reiz ist der Blick vom Gerüst der neuen Kirche auf die Hauptachse, deren Point de vue 1766 noch das alte Jagdschloss war.

11 Johann Melchior Roos
Heidelberg 1663-1731
wohl Braunschweig
Weißer Damhirsch mit Hindin, um 1729

Öl auf Leinwand
46 x 38 cm
Bez. links am Rand: JMRoos fecit. (JMR ligiert)
Herkunft: Erworben vor 1836
Inv.Nr. G 2472
Literatur: Lenthe 1836, Nr. 494, Prosch IX, 39, Schlie 1882, Nr. 886, Bode 1891, S. 169, Hegner, Kristina, Kuriositäten und Denkwürdigkeiten, SMS 1988 (Faltbl.), dies., Die Malerfamilie Roos in Deutschland, SMS 1997
Ausstellung: 1988 SMS "Kuriositäten und andere Denkwürdigkeiten", 1997 SMS, Schloß Güstrow, "Die Malerfamilie Roos"

Abnorm gefärbte Tiere, insbesondere weißes Edelwild, war sehr selten und deshalb nur in herrschaftlichen Tiergärten zu sehen. Friedrich Wilhelm hatte schon 1692 weißes Damwild auf Schelfwerder aussetzen lassen. Und noch 1858 wurde versucht, weißes Edelwild, das aus Wiesbaden eingeführt wurde, im Saupark Jasnitz zu halten. Doch gelang es nicht, diese seltenen Tiere heimisch zu machen.

Entsprechend dem Zeitgeschmack hatte Herzog Friedrich eine ausgeprägte Vorliebe für abnorme und exotische Tiere, was vor allem der damalige Tierbestand in der Ludwigsluster Residenz belegt. Sie entspringt zum einen dem kosmologischen Ordnungsdenken und dem damit verbundenen Anspruch des Fürsten, über die von Gott geschaffene Natur in ihrer Mannigfaltigkeit zu verfügen, andererseits ist sie Ausdruck eines an zoologischen Besonderheiten interessierten, naturwissenschaftlich gebildeten Regenten zur Zeit der Aufklärung. Darüber hinaus

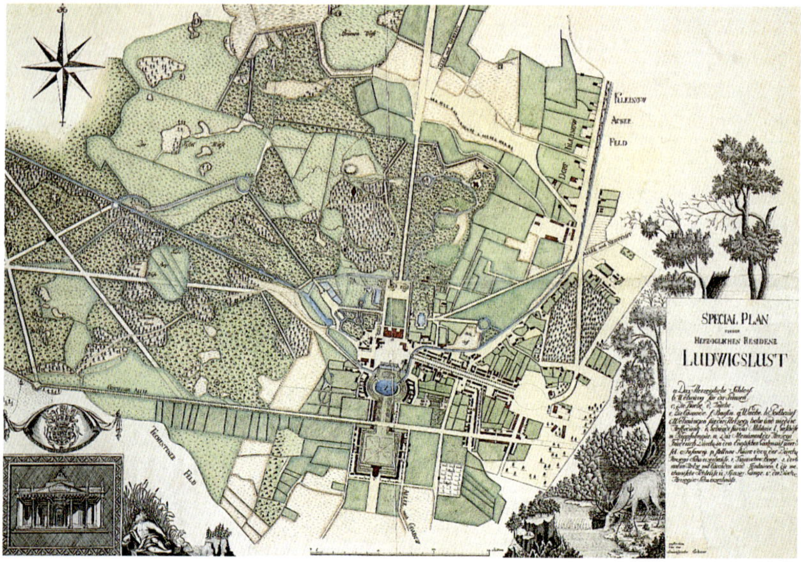

Behrens, Spezialplan von der Herzoglichen Residenz Ludwigslust, Kat.Nr.12

kam den vielfältigen, im Park gehaltenen Tieren ein nicht zu unterschätzender Unterhaltungswert zu, denn für die Hofgesellschaft war jede Art von Zerstreuung in der ansonsten eher langweiligen Residenz höchst willkommen. Weiße Hirsche hatten zudem eine symbolische Bedeutung im Sinne der Reinheit und Unschuld.

12 Behrens
Spezial-Plan von der Herzoglichen Residenz Ludwigslust
Kupferstich, koloriert
41,7 x 57,8 cm (35,4 x 51,3 cm)
Bez. rechts unten: Bauinspektor Behrens
Herkunft: Alter Bestand
Inv.Nr. 2 Gr.
Literatur: Kat. 1000 Jahre 1995, Nr. 6.7
Ausstellung: 1995 SMS, Schloß Güstrow, "1000 Jahre Mecklenburg"

Der Plan von Behrens zeigt die symmetrisch gestaltete Residenz Ludwigslust eingebettet in eine ausgedehnte Park- und Waldlandschaft. Neben den neuen Bauten und Plätzen sind noch Elemente der alten Anlage erkennbar: Der rechteckige Garten und die nördliche Schneise, der Festplatz und der Johannisdamm. Vor dem Schloss flankieren die Seitenflügel des alten Jagdhauses den Ehrenhof. Die etwa bildparallel verlaufende Schneise nach Kummer dürfte damals schon ihre Bedeutung als Fahrweg verloren haben, denn etwa 300 Meter südlich entstand eine neue Allee. Auch den 14-strahlige Jagdstern, von dem am linken Bildrand noch 3 Achsen zu erkennen sind, bezog Baumeister Busch in das gartenkünstlerische Konzept ein. Eine der Schneisen gestaltete er zur langen

Wasserachse um und bereicherte sie mit Fontänen und Kaskaden. An einer anderen Schneise errichtete er 1790 das Schweizerhaus für Friedrich Franz I.

13 Johann Elias Ridinger
Ulm 1695-1767 Augsburg
Der Tiergarten, 1729
Kupferstich
46,5 x 58,5 cm (30,5 x 23,2 cm)
Bezeichnet unten rechts: Joh. El. Riedinger inv. del. sculp. et excud. Aug. Vind.
Herkunft: Alter Bestand
Inv.Nr. 11871 Gr.
Literatur: Nagler 7, Le Blanc 76-111, Thienemann Nr. 13

Nachdem sich infolge des 30jährigen Krieges die Zahl der jagdbaren Tieren drastisch verringert hatte, begann man mit verschiedenen Hegemaßnahmen den Wildbestand wieder allmählich zu heben. Bis ins 19. Jahrhundert war es üblich, Wildgärten anzulegen, in denen man eine oder mehrere Gattungen halten konnte. Dazu wurden ausgedehnte Flächen umfriedet, die in der Regel nicht kleiner als 1.000 Hektar waren. In begrenztem Maße brachte dies auch den Bauern gewisse Vorteile, da sie mit weniger Wildschäden auf ihren Feldern zu rechnen hatten. Der Hauptzweck bestand jedoch darin, ausreichende Mengen Wildes für den Abschuss heranzuziehen und damit eine wichtige Grundlage für das fürstliche Jagdvergnügen zu schaffen. Zu den Aufgaben des Jagd- und Forstpersonals gehörte deshalb u. a. das Fernhalten der Raubtiere und die Fütterung in strengen Wintern. Die züchterische Auswahl auf wissenschaftlicher Grundlage erlangte erst im 19. Jahrhundert Bedeutung.

14 Unbekannt
Fasan, um 1780
Öl auf Leinwand
77,5 x 141,3 cm
Herkunft: um 1780, für die Ausstattung des Schlosses Ludwigslust
Inv.Nr. keine
Literatur: unveröffentlicht
Ausstellung: dauerhaft als Supraporte im Schloss Ludwigslust, im Wohnzimmer des Herzogs (Nordwestecke)

Fasane galten bereits bei den Römern als kulinarische Delikatesse. Die Aufzucht wurde in speziellen Bruthäusern betrieben und war finanziell sehr aufwendig.
Sowohl Wallenstein in Güstrow als auch Herzog Friedrich Wilhelm in Schwerin ließen Fasane in Volieren und Gehegen züchten. Diese Tradition wurde in Mecklenburg bis ins 19. Jahrhundert hinein gepflegt. In Ludwigslust erreichte die Fasanenzucht unter Herzog Friedrich und Großherzog Friedrich Franz I. eine Blüte. Doch das reiche Vorkommen kleiner Raubtiere, wie Marder, Iltis und Wiesel, aber auch Krähen und Eulen, die zu hunderten im Schlosspark Ludwigslust in der Nähe der Fasanerie erlegt wurden, erschwerten die Aufzucht maßgeblich.

15 Unbekannt,
nach Jean-Baptiste Oudry
Drei Supraporten mit Darstellung von Jagdhunden
Öl auf Leinwand
81 x 154 cm
Herkunft: um 1780, für die Ausstattung des Schlosses Ludwigslust
Inv.Nr. keine
Literatur: unveröffentlicht
Ausstellung: dauerhaft als Supraporte im Schloss Ludwigslust, in der Audienz des Herzogs

Die Supraporten in der Audienz des Herzogs sind baugebundene Gemälde aus der ersten Ausstattung des Schlosses. Sie wurden um 1780 vermutlich von einem der mecklenburgischen Hofkünstler ausgeführt und befinden sich seitdem dauerhaft im Schloss Ludwigslust. Von den ursprünglich vier Bildern gilt eines als verschollen.

Dargestellt ist jeweils ein Hühnerhund in einer Landschaft. Wie der Name schon andeutet, handelt es sich dabei nicht um eine besondere Rasse, sondern um einen für die Jagd auf Federwild bestens geeigneten Hund. Er wurde speziell für die Jagd auf Feld- und Birkenhühner, Wachteln, Fasane, Schnepfen, Enten und auch Hasen abgerichtet. Neben einem guten Spürsinn wurden Ausdauer und Zurückhaltung verlangt, denn nach dem Aufspüren musste er solange vor dem Tier stehen bleiben, bis der Jäger ein Netz über das sich drückende Wild gebreitet hatte. Daher werden diese Hunde auch als Vorstehhunde bezeichnet. Auf den Gemälden ist der Moment dargestellt, in dem der Hund das Federwild aufgespürt hat. Die Komposition geht auf Vorlagen des französischen Hofmalers Jean-Baptiste Oudry zurück. Die Supraporte auf der Nordostseite stimmt sowohl in den Maßen als auch in der Gestaltung mit dem aus herzoglichem Besitz stammenden, seit 1945 aber verschollenen Gemälde "Hühnerhund und Fasan" (Gegenstück zu Kat.Nr. 19) überein.

J. E. Ridinger, Der Tiergarten, Kat.Nr. 13

Von den Jagdtieren und der Art zu jagen

Hela Baudis

Die Tier-Mensch-Beziehung ist für die Kunst ein Thema sui generis, das nach komplexen Gestaltungskonzeptionen verlangt. Als Totalität, als visuelle Erfahrung und Widerspieglung begnügt sich das Kunstwerk nicht mit einer Zusammenführung von Mensch und Tier, sondern erfasst beide in einer Wesensaffinität und Gemeinschaft. Wenn es um die Jagd in der Kunst geht, spitzen sich die Aussagen über Existenzen und Autoritäten zu, Machtkämpfe, Auseinandersetzungen um Leben oder Tod geraten in das Zentrum der Betrachtung. Tiere treten in mehrfacher Funktion ins Bild, sind sie doch zum Jagen und Gejagtwerden gleichermaßen zu gebrauchen.

Jagdtiere wie Pferde und Hunde erscheinen seit der Renaissance auf bildlichen Darstellungen als Individuen und zugleich als Modelle ihrer Gattung. Sie treten in ihrer Würde dem Menschen gleichrangig gegenüber und sind ihm bereitwillig dienstbar. Diese Tendenz gegenseitigen Erkennens und Akzeptierens findet in der Kunst ihre Thematisierung.

Seit dem Erscheinen des Kupferstichs der "Heilige Eustachius" um 1501 von Albrecht Dürer (1471-1528)[1] ist festzustellen, dass das Tier, als Zentralfigur, als sinnbestimmende Instanz, als Bezugsalternative im Bild auftaucht. Es wird zunehmend und prononcierter im 17. und 18. Jahrhundert in seiner ursächlichen Existenz anerkannt. Diese Art der Wahrnehmung ist jedoch kein deutsches Phänomen allein. Niederländische Meister, sowohl des frühen 16. Jahrhunderts wie Lucas van Leyden (1494-1533)[2] oder später der hervorragende Tierporträtist Paulus Potter (1625-1654)[3], setzten Maßstäbe für den visuellen Dialog zwischen Mensch und Tier.

Sie vermochten eines jeden Seinsbestimmung und Seinsmächtigkeit mit Selbstverständlichkeit ins Bild zu setzen. Wenn Potter das Pferd singulär, ohne Gegenüber zu einer anderen Kreatur, in den Mittelpunkt eines Gemäldes rückt, baut er zugleich ein Bezugssystem zum Betrachter auf. Das Kunstwerk übernimmt dabei die Rolle des stummen Moderators im Tier-Mensch-Dialog.

Zeichnungen und Druckgraphiken des Augsburger Meisters Johann Elias Ridinger (1695-1767)[4], sowie seiner Söhne[5], beeindrucken durch die Stringenz von natürlich-zufälliger Haltung der Tiere. Die Jagdtiere, dem Jäger von großem Nutzen und unverzichtbar, formulierte Ridinger nach anfänglichen Mühen, wie der etwas steif geratene "Mecklenburger" (Kat.Nr. 16) beweist, später zunehmend mit Bravour. Pferde, die vorwiegend für die Jagd bestimmt waren, mussten besondere Qualitäten besitzen, sollten möglichst schnell und wendig für den Pirschritt und vor

Jean-Baptiste Oudry, Wilder Eber, Kat.Nr. 18

allem schussfest sein, nicht verschrecken, wenn die Kugel des Jägers das Objekt seiner Begierde traf.

Von der Zucht, Haltung, Pflege, der Qualität und Anzahl der Hunde hing der Jagderfolg ab. Im Barock sind edle Jagdhunde, als treue Begleiter und Ausdruck des Stolzes ihrer Besitzer, im Bildnis festgehalten worden, das betraf sowohl den Typ des großen kraftvollen Windhundes wie den hochgezüchteten Parforcehund.

Verschiedene Pferde- und Hunderassen wurden von Ridingers Sohn Martin Elias (1730-1780) nach seinen Zeichnungen in Kupfer gestochen und damit dem zeitgenössischen Interesse vieler fürstlicher Jagdherren und Jäger entsprochen. Neben den Blättern mit Jagdtieren erwarb der mecklenburgische Herzog Christian Ludwig II. zu Ridingers Lebzeiten aus dem reichen Œuvre des Künstlers etliche Graphiken mit jagdbaren Tieren für seine Kunstsammlungen, darunter vorrangig Wild, das er auch in seinen eigenen Jagdrevieren vorfand: Rehe, Damhirsche, Wölfe, Füchse, Hasen, Dachse, Biber oder Wildschweine. Fast immer in strenger Profil- oder Frontalansicht gegeben, mit dem Ausdruck von Selbstverständlichkeit und Beharrungsvermögen, wirken sie wie

J. E. Ridinger, Der Rehbock, Kat.Nr. 20

Lehrbeispiele für Jäger und Jagdfreunde. Der Eindruck wird untermauert durch die "Zutaten" des Künstlers, jene exakte Wiedergabe der Spuren, Fährten und Trittsiegel des Wildes,[6] die von profunder Sachkenntnis des Weidwerkes zeugen.

In nahezu 50-jährigerArbeit entstanden mit knappen, moralisierenden Legenden versehene Stiche, in denen Ridinger die Literatur seiner Zeit verarbeitete, zu kompletten Jagdlehrbüchern zusammenstellte und im eigenen Kunstverlag in Augsburg erfolgreich vertrieb.

Auf diesem Wege qualifizierte sich der Graphiker mit dem so dezidiert auf ein großes Thema orientierten Werk, zum künstlerischen Dokumentaristen der Jagd im weitesten Sinne. Seine Naturstudien und detaillierten Beobachtungen machten ihn zum kompetenten Künstler dieses Sujets.

In vieler Hinsicht entsprach Ridingers Sicht auf die Tiere der künstlerischen Auffassung des herausragenden französischen Tiermalers Jean-Baptiste Oudry, den Christian Luwig II. überaus schätzte und mit Aufträgen eng an den Schweriner Hof zu binden versuchte. Beide Künstler akzeptierten Tiere in ihrer Individualität und reflektierten adäquat über sie, nicht in visuellen Chiffren oder Symbolen. Existenz und Lebensweise von jagdbarem Wild definiert sich über klare, sachliche Formen und eine genaue Wiedergabe des realistischen Erscheinungsbildes sowie animalischer Lebens- und Bewegungsweisen.

Ridinger war bei aller Detailfreudigkeit bestrebt, den Blick des Betrachters nicht ausschließlich auf das Wild, sondern auch auf den natürlichen Lebensraum der Tiere zu lenken. Bewusst fügte er Waldpartien, Dickicht, Felsen oder Höhlen sensibel als Hintergründe in seine Bildkonzepte ein, um nüchterner Versachlichung zu entgehen.

Der deutsche Graphiker und der französische Maler haben im 18. Jahrhundert entscheidend das künstlerische Bild von den Tieren des heimischen Waldes aber auch aus fernen Regionen geprägt. Oudry spezialisierte sich geradezu auf exotische Exemplare, als er im Auftrag des Direktors des Botanischen Gartens La Peyronie für den Hof Ludwigs XV. zehn großformatige Gemälde wilder Tiere zu malen hatte. Die Arbeiten, zwischen 1739 und 1745 entstanden, darunter Tiger, Leopard, Kasuar und eine Antilope, waren für die Ausstattung eines geplanten Palais im Bota-

Martin Elias Ridinger, Den Hasen mit dem Habicht beizen, Kat.Nr. 28

Abraham Govaerts, Hirschjagd im Walde, Kat.Nr. 29

nischen Garten vorgesehen. Da es nicht zur Bauausführung des Gebäudes kam, verblieben die Werke in Oudrys Atelier, und Herzog Christian Ludwig II. konnte sie 1750 vollzählig für seine Galerie erwerben.[7] So führten die seit 1732 durch ihn und seinen Sohn Prinz Friedrich realisierten Ankäufe dazu, dass in Schwerin heute die weltweit größte Oudry-Kollektion mit den prächtigsten Tieren auf Gemälden und Zeichnungen existiert.[8]

Im 18. Jahrhundert oblag es dem jeweiligen Herrscher zu bestimmen, welches Wild in der Hohen oder Niederen Jagd erlegt werden durfte.[9]

Ridinger hat beide Wege und alle gängigen Methoden der weidmännischen Praxis kenntnisreich festgehalten. Oft nahm er selbst mit dem Skizzenbuch in der Rocktasche an fürstlichen Hetz-, Pirsch- und Beizjagden teil, die zur "Hohen Jagd" gerechnet und dem Landesherrn vorbehalten waren. Martin Elias Ridinger schuf in Zusammenarbeit mit dem Vater die Reihe der Blätter zur "Niederjagd", die dem niederen Adel zugestanden wurde. Er lieferte minutiös ausgeführte Radierungen mit den Beispielen: Hühnerfänger mit dem Hühnerhund (Kat.Nr. 27) oder die Habichtbeize auf einen Hasen (Kat.Nr. 28).

Jean-Baptiste Oudry, Hühnerhund vor Rebhühnern, Kat.Nr. 19

Dass der Fürst den einfachen Untertanen lediglich das Vogelfangen gestattete, beweist die Arbeit mit dem Leimspillenausleger (Kat.Nr. 26).

Beiden Künstlern ist es gelungen, Verhaltensweisen der gejagten Tiere im Kontext mit den Strategien der Jäger darzustellen. Lust und Pein der Jagd werden verifiziert und erscheinen unübersehbar als zwei Seiten einer Medaille. Die Art und Weise der Jägerei im 18. Jahrhundert signalisiert eindeutig: Die natürliche Jagd, einzig zum Erhalt der Existenz des Menschen ausgeführt, ist längst passé. Im absoluten Herrschaftskodex ist das Recht aus Lust zu töten manifest. Dieser Fakt war unwidersprochen zu akzeptieren und dafür zu sorgen, dass jederart fürstliches Verlangen Erfüllung fand. So wurde, ob Hohe oder Niedere Jagd, kurzum jede Hatz mit Bedacht gründlich durch die Hofjäger und einfachen Treiber vorbereitet, damit das hochherrschaftliche Vergnügen gesichert war. Das Amüsement stand fraglos in enger Verbindung mit dem Jagderfolg. Da der höfische Weidmann im Barock weniger die körperlich strapaziöse Jagd schätzte, entschied er sich gern für das repräsentative Eingestellte Jagen[10], auch umstelltes oder deutsches Jagen genannt (Kat.Nr. 32) Er ließ sich das Wild durch seine Untertanen und Jäger, die in großer Zahl zu erscheinen hatten, aus den Wäldern zusammentreiben, um es bequem vom Jagdstand aus zu erlegen.

Johann Elias Ridinger, Die Parforce-Jagd, Kat.Nr. 31

Als kostspieligstes Jagdvergnügen und beliebt bei Herren wie Damen galt die Parforcejagd. Man nannte sie auch französische Jagd oder "chasse à courre", par force, d. h. mit Gewalt und zwar ohne jegliches Pardon.[11] Sie zielte in der Regel auf einen edlen Hirsch, der von einer riesigen Meute speziell abgerichteter Hunde und zahlreichen Treibern bis aufs Blut gehetzt wurde (Kat.Nr. 31). Ridinger hat diese Jagdart, die ein makabres Spektakel darstellt, in all ihren Stadien ausführlich wiedergegeben und sachlich bis zum Ende kommentiert. Wenn das geschundene Tier endlich aus sicherer Position zur Strecke gebracht, dann aufgebrochen und im Curée der schwitzenden, wild kläffenden Hundemeute der Kopf mit dem prächtigen Geweih als Trophäe vorgehalten wurde (Kat.Nr. 38), war das Ende der Jagd angezeigt. Aus der Hörnerfanfare erschallte der Sieges- und Freudenruf, das Halali, das

Johann Elias Ridinger, Das Curée, Kat.Nr. 38

bereits zuvor im parforcejagdlichen Sinn schon als Aufmunterungsruf für die Jagdtiere, die dem Hirsch oder Keiler folgten, erklungen war.[12]

Wie auf Ridingers Blättern zu sehen, trugen die berittenen Parforcejäger schöne metallischglänzende Parforcehörner in verschiedenen Größen über der linken Schulter bei sich. Diese Signalhörner wurden nach Abschluss einer erfolgreichen Jagd geblasen. Andere Hörner ertönten bei jagdlichen Ehrungen und begleiteten das "Horrido" des Jagdherrn.[13]

Die Vielfalt der Jagdarten ließ bei den Herren und Damen am Hofe keine Langeweile aufkommen. Das Treiben von Schwarzwild war dabei ebenso beliebt wie die lärmreichen Klapperjagden auf Füchse, Hasen oder Schnepfen. Gerne beteiligte man sich am "Buschieren", der Suchjagd auf Niederwild mit Vorsteh- oder Stöberhunden in einem übersichtlichen Gelände.[14] Die Redensart "auf den Busch klopfen" entstammt der weidmännischen Sprache, die ein sehr spezifisches Vokabular aufweist und als unerlässlich für jeden Freund der Jägerei betrachtet wird. Den "Busch abklopfen" gehörte notwendig zur beliebten Klopfjagd, bei der im Gebüsch verborgene Tiere "herausgeklopft" werden sollten. In diesem Sinne ist auch der Ruf des Jägers in Ludwig

Johann Elias Ridinger, Die Wasserjagd, Kat.Nr. 33

Uhlands Versepos "Weißer Hirsch" zu verstehen, wo es heißt: "Mir hat geträumet ich klopf auf den Busch / Da rauschte der Hirsch heraus, husch, husch".[15]

Bei Uhland ist ferner zu lesen: "Es gingen drei Jäger wohl auf die Birsch" und der Dichter spricht damit eine weitere übliche Jagdart an. Das Jagen war immer mit dem Hetzen, Pirschen, Schießen verknüpft. Wurde im frühen 18. Jahhundert noch mit Pfeil und Bogen oder der Armbrust gepirscht, konnte man 1734 in einer Anleitung über die "Jagdgeheimnisse"[16] erfahren: "Pürschen heisset das hohe Wild schiessen mit Kugel-Büchsen." Der Begriff "pirschen" unterlag einem Bedeutungswandel, und gegen Ende des 19. Jahrhunderts sprachen die Jäger deutlich vom Schießen des Wildes durch Anschleichen zu Fuß oder zu Pferd, Anstehen oder Zudrücken.

1746 beschreibt H. W. Döbel in seinem Werk "Jäger=Practica" die Vergnügungen der Fürsten bei der Wasserjagd (Kat.Nr. 33) folgendermaßen: "... man siehet ... wie die Jagd-Hunde das Wildpret ins Wasser jagen, hinter ihnen her schwimmen, und so sie nicht angeschossen oder sonst allzu matt seyn, nicht an sie kommen und sie überwältigen können. Fangen sie aber auch einen Hirsch oder Wild darinne; wie gehet es nicht über- und untereinander her, dass bald der Hirsch ober, bald unter Wasser ist, die Hunde desgleichen, als wie die Enten, einmal untertauchen, bald wieder auf dem Wasser und nach dem Hirsche schwimmen."[17]

Neben diesen äußerst turbulenten Praktiken und den "Kampfjagden" nach dem Vorbild antiker Gladiatorenkämpfe bevorzugte man an den Höfen noch das "Fuchsprellen" und die sogenannten "Festinjagden". Darstellungen dieser mit großem Aufwand arrangierten Spektakel sind in der Schweriner Sammlung nicht zu finden. Dass einer gücklichen Jagd ein Fest zu folgen hatte, wo prächtig gespeist und kräftig getrunken wurde, das lässt sich auch aus den Jagdrechnungen des mecklenburgischen Hofes bis weit in das 19. Jahrhundert hinein belegen.[18]

1 Albrecht Dürers Kupferstich "Heiliger Eustachius" gehört zum Bestand des Kupferstichkabinetts im SMS, Inv.Nr. 6458 Gr.

2 Lucas van Leydens bekannter Kupferstich "Milchmädchen" ist im Bestand des Kupferstichkabinetts im SMS als seitenverkehrte Kopie vorhanden, Inv.Nr. 4226 Gr.

3 Vgl. Jürß 1982, Abb. S. 34, Paulus Potter "Schwarzscheckiges Pferd auf der Weide" 1649

4 Johann Elias Ridinger ist im SMS mit 160 Graphiken und einer Handzeichnung vertreten, vgl. H. Baudis in: Kat. 100 Handzeichnungen, S. 94, Abb. S. 95

5 Dass Ridingers Sohn, Martin Elias, nach Zeichnungen des Vaters Graphiken schuf, ist häufig ignoriert worden, irrtümlich sind auch im Kat. 100 Handzeichnungen sämtliche Blätter Johann Elias zugeschrieben, wobei 13 Blätter zweifelsfrei von Martin Elias gestochen wurden. Ridingers Stiefsohn Johann Gottfried Seiter erwies sich nach Thienemann, S. XV, ebenfalls als guter Kupferstecher, arbeitete in Italien und gelegentlich auch nach Zeichnungen des Meisters.

6 Vgl. alle Beispiele mit jagdbaren Tieren

7 Vgl. Jürß 1986, S. 8

8 Zur Oudry-Sammlung gehören 44 Gemälde und 57 Handzeichnungen, wobei Hal Opperman zehn Zeichnungen nicht Oudry zuschreibt. Vgl. Kat. Opperman 1983

9 Vgl. Haseder, S. 348

10 Vgl. Kat. Heidelberg, S. 71

11 Ebenda, S. 73

12 Vgl. Willkomm 1986, er verweist darauf, dass der Ruf französischen Ursprungs sei und ins Deutsche übersetzt soviel bedeutet wie: "ha, da liegt er!"

13 Nach Haseder 1999, S. 349 hat sich das Horrido aus den Hetzrufen, dem Jagdgeschrei: Ho-rüd-Ho! entwickelt.

14 Vgl. Willkomm 1986, S. 26

15 Zitiert nach Willkomm 1986, S. 27

16 Nach Willkomm 1986, s. S. 28, publizierte Johann Täntzer 1734 "Jagdgeheimnisse".

17 Zitiert nach H. W. Döbel, Jäger=Practica oder Der wohlgeübte und erfahrene Jäger, Leipzig 1746, S. 71

18 LHA Schwerin, Kabinett III, Auslagen auf Jagden 1851-1874

16 Martin Elias Ridinger
Augsburg 1730 - 1780 Augsburg
Mecklenburger
Kupferstich
31,5 x 41 cm (28,4 x 35,2 cm)
Bez. links unten:
J. El. Ridinger pinxit et excud. A. V.
rechts unten: a Filio meo M. El. Ridinger sculps.
Herkunft: Alter Bestand
Inv.Nr. 11688 Gr
Literatur: Thienemann S. 117, Nr. 576

Die Arbeit gehört nachweislich zu den 32 bekannten Pferdedarstellungen, von denen Johann Elias Ridinger nur vier eigenhändig ausführte. Die restlichen sind nach seinen Vorzeichnungen von seinem Stiefsohn Johann Gottfried Seuter und dem Sohn Martin Elias gestochen worden. Im Konvolut des Schweriner Ridinger-Bestandes gibt es nur diese eine Pferde-Graphik. Offensichtlich ein frühes Werk, denn Ridinger bereitete seinem Biographen Thienemann zufolge, das Zeichnen von Pferden weitaus größere Mühe als das anderer Tiere, was sich später ändern sollte.

M. E. Ridinger, Mecklenburger, Kat.Nr. 16

Der "Mecklenburger" gilt als das kleinere Pferd unter den einheimischen Rassen. Hier wird es von einem Bereiter an der Longe, die am Kopf befestigt ist, bergab geführt. Als schussfestes Pferd war es zur Jagd gut geeignet und für Pirschfahrten sehr willkommen.

17 Jean-Baptiste Oudry
Paris 1686 - 1755 Beauvais
Acht Hunde überfallen einen Wolf, 1734
Öl auf Leinwand
120 x 172 cm
Herkunft: 1733 von Herzog Christian Ludwig II. bei Oudry in Auftrag gegeben
Bez. am Stein: J. B. Oudry 1734
Inv.Nr. G 946
Literatur: Schlie 1882, Nr. 777, Seidel 1890, S. 88, 92-95, Bode 1891, S. 63, Locquin 1912, Abb. S. 307, Nr. 271, Vergnet-Ruiz, I, 39, Lauts 1967, S. 25, Mansfeld 1964, Nr. 285, Opperman 1972, I, P 189, Jürß 1986, S. 55, Abb. S. 22

18 Jean-Baptiste Oudry
Wilder Eber, 1734
Öl auf Leinwand
120x 172 cm
Bez. unten am Rande unterhalb des linken Vorderfußes des Ebers: J. B. Oudry 1734
Herkunft: 1733 von Herzog Christian Ludwig II. bei Oudry in Auftrag gegeben
und 1734 fertiggestellt
Inv.Nr. G 947
Literatur: Schlie 1882, Nr. 776, Seidel 1890, S. 88, 92-95, 97, Bode 1891, S. 161, Locquin 1912, Nr. 270,
Vergnet-Ruiz, I, 47, Abb. 27, Lauts 1967, S. 25, Mansfeld 1954, Nr. 284, Opperman 1972, I, P 188, II, Abb. 110, Jürß 1986, S. 55, Abb. S. 22
Bemerkung: Beide Oudry-Werke sind Repliken nach den gleichnamigen Gemälden aus dem Jahre 1726 in Ansbach.

In Oudrys Œuvre nimmt die Darstellung von Hunden einen breiten Raum ein. Er hat sie, wie die vielen Skizzen und

Zeichnungen beweisen, gründlich studiert und genau ihre Physiognomien, Bewegungen, ihre Körperlichkeit und Reaktionsfähigkeit erfasst. Auf dem Gemälde im Kampf mit dem schwarzen massigen Eber zeigen die Hunde ungezügelte Angriffslust und sind doch der Wildheit des Gejagten nicht gewachsen. Der Keiler setzt sich über die Angreifer mit schwerem Schritt hinweg, attackiert sie offensichtlich mit seinen Stoßzähnen, lässt sie verwundet hinter und unter sich liegen. Oudry erfasst den kräftig tobenden Eber nahezu in voller Seitenlänge und unterstreicht durch eine monumentale Sicht dessen Gefährlichkeit gegenüber Tier und Mensch. Gezielte Lichtsetzungen im vorderen und hinteren Bildraum vor dunkler Landschaftskulisse steigern die Dramatik des Geschehens, zeigen den Überlebenskampf zwischen den Kreaturen.

19 Jean-Baptiste Oudry
Paris 1686-1755 Beauvais
Hühnerhund vor zwei Rebhühnern
Öl auf Leinwand
84 x 152 cm
Herkunft: Genauer Zugang in die Sammlung nicht nachweisbar
Inv.Nr. G 743
Literatur: Groth 1792, s. 5, Lenthe 1836, Nr. 554, Schlie 1882, Nr. 805, Seidel 1890, S. 90, 106, Locquin 1912, Nr. 199, Vergnet-Ruiz, I, 98, Mansfeld 1954, Nr. 307, Opperman 1972, I, P 268, Jürß 1986,
Ausstellung: 1986 SMS, "Jean-Baptiste Oudry", seit 1993 ständige Ausstellung Schloss Ludwigslust

Jean-Baptiste Oudry galt in seiner Zeit als der begehrteste Tier- und Jagdmaler und hat die Sammlungstätigkeit der mecklenburgischen Fürsten nachhaltig geprägt. Sowohl Herzog Christian Ludwig II. als auch Herzog Friedrich erwarben Gemälde und Zeichnungen des französischen Hofkünstlers. Interessanterweise dienten die Gemälde von Oudry nicht nur den Ludwigsluster Hofmalern als Vorlage. Sie boten ebenso dem Herzog Anregungen für die eigene künstlerische Beschäftigung, was die überlieferten Zeichnungen Friedrichs im Landeshauptarchiv belegen.
Neben Trophäen und Stillleben malte Oudry spannungsvolle Jagdszenen. Die Darstellung des Hühnerhunds vor Rebhühnern besitzt zwar nicht soviel Dramatik, wie das Gemälde: Wilder Eber. Dennoch hat Oudry auch hier den spezifischen Höhepunkt im Bilde festgehalten - das Vorstehen. Es verlangte vom Hund ein äußerstes Maß an Disziplin. Konzentration und Anspannung, die in der Körperhaltung zum Ausdruck kommen, werden durch das Bildformat und die Lichtregie zusätzlich gesteigert.

20 Johann Elias Ridinger
Ulm 1695 - 1767 Augsburg
Der Rehbock
Kupferstich
51,2 x 35,5 cm (37,7 x 29,9 cm)
Bez. rechts unten: Johann Elias Ridinger invenit delineavit sculpsit et excudit Augusta Vindelicorum
Herkunft: Alter Bestand
Inv.Nr. 11902 Gr.
Literatur: Nagler 13, Le Blanc 224-246, Thienemann S. 45, Nr. 171

Das Blatt gehört zu einer Reihe von insgesamt 23 Kupferstichen: "Abbildung der jagdbaren Tiere mit ihren Fährten, Spuren, Gängen, Absprüngen, Wendungen, Wiedergängen, oder Flucht".

Die Abdrücke des Schalenwildes, wenn sie neu und frisch sind oder die Wund- bzw. Schweißfährten, die auf krankes oder angeschossenes Wild deuten, erweisen sich, da sehr präzise wiedergegeben, äußerst interessant für den Kenner und lehrreich für den Laien. Diese Spurenbänder, die breit unter der gestochenen Arbeit lagern, sind geschickt in die Gesamtkomposition der Graphik eingebunden, so dass beide Teile eine inhaltliche wie formale Einheit bilden.

21 Johann Elias Ridinger
Der Damhirsch

Kupferstich
51,9 x 35 cm (37,8 x 27,6 cm)
Bez. rechts unten: Joh. El. Ridinger inv.del. sculps. et exc. Aug. Vind.
Herkunft: Alter Bestand
Inv.Nr. 11900 Gr.
Literatur: Nagler 13, Le Blanc 224-246, Thienemann S. 45, Nr. 171

Damhirsche wie Ridinger sie darstellte kamen in Mecklenburg im 18. Jahrhundert in großer Zahl in freier Wildbahn vor, wurden aber auch in fürstlichen Wildgehegen gehalten. Ursprünglich aus Südosteuropa und dem Vorderen Orient stammend, sind Damhirsche im 14. Jahrhundert über England und Dänemark nach Mitteleuropa eingeführt worden. Unter den Hirscharten ragen sie durch ihre besonders stattliche Erscheinung hervor und gelten als anpassungs- und widerstandsfähiges Wild. Ridinger gibt das Trittsiegel und die Fährte des Damhirsches wieder, dabei fügt er, wie auf den anderen Blättern der Serie auch, eine kleine Legende in alphabetischer Reihenfolge ein, die zusätzliche Informationen über die Fährte vermittelt.

22 Johann Elias Ridinger
Das Wildschwein

Kupferstich
51,3 x 34,9 cm (37,8 x 30,0 cm)
Bez. rechts unten: Johan Elias Ridinger inven. delineav. sculps. et excud. August. Vindel.
Herkunft: Alter Bestand
Inv.Nr. 11899 Gr.
Literatur: Nagler 13, Le Blanc 224-246, Thienemann S. 45, Nr. 168

Das Wildschwein, ein nichtwiederkäuender Paarhufer und zur Gruppe des Schwarzwildes gehörend, ist seit dem Mittelalter eines der besonders häufig gejagten Tiere. Die äußerlich plump, doch zumeist stark und wehrhaft erscheinenden Sauen und Keiler erweisen sich als überaschend wendig und witterungsfähig und sind deshalb durchaus nicht einfach zu jagen. In Mecklenburg tauchen sie im 17./18. Jahrhundert in großen Rotten auf und waren noch bis zum Ende des 19. Jahrhunderts bevorzugtes Objekt fürstlicher Jagdvergnügungen. Zu den geschätzten Jagdrevieren der Herzöge gehörte z. B. die Waldlewitz bei Schwerin und der Saupark bei Jasnitz. Saujagden im Herbst und Winter wurden auf unterschiedlichste Weise durchgeführt. Üblich war die Sauhatz mit Schweißhunden, dabei wurden Wildschweine durch Finder aufgespürt, dann von Hatzhunden gepackt und gedeckt. Außerdem fing man ganze Rotten lebend in Saugruben oder praktizierte ebenso im 18. Jahrhundert die Parforcejagd und das eingestellte Jagen, später kamen Treib- und Drückjagden mit Hunden hinzu.

Johann Elias Ridinger, Das Wildschwein, Kat.Nr. 22

23 Johann Elias Ridinger
Der Wolf

Kupferstich
51,4 x 35,4 cm (37,5 x 29,7 cm)
Bez. rechts unten: Johann Elias Ridinger inven. delineav. sculpsit et excud. August Vindelic.
Herkunft: Alter Bestand
Inv.Nr. 11901 Gr.
Literatur: Nagler 13, Le Blanc 224-246, Thienemann S. 45, Nr. 166

Der heulende Wolf vor einem Felsen gehört ebenfalls in Ridingers graphische Folge "Jagdbare Tiere mit Fährten und Spuren", die 1740 entstanden ist. Wölfe wurden im 17. Jahrhundert in Mecklenburg auf verschiedene Weise gejagt, sie hatten sich während des Dreißigjährigen Krieges stark vermehrt und stellten zeitweilig eine Landplage für die Bevölkerung dar. 1662 und 1665 erließ Herzog Gustav Adolf zwei Edikte, die der strikten Bekämpfung und Ausrottung der Wölfe dienen sollten.[1] Noch bis weit in das 18. Jahrhundert hinein wurden Wölfe gejagt. Üblich waren Kesseljagden mit Tüchern, Netzen und Lappen, große Treibjagden und das Fangen in Wolfsgruben.

[1] LHASchwerin: Impressen, 13 Jagdwesen

24 Johann Elias Ridinger
Ein schüchternes Häschen im Laubwald

Kupferstich
51,5 x 35,3 cm (37,6 x 30 cm)
Bez. rechts unten: Joh. El. Ridinger inven, delineav. sculps. et excudit. Aug. Vindel.
Herkunft: Alter Bestand
Inv.Nr. 11906 Gr.
Literatur: Nagler 13, Le Blanc 224-246, Thienemann S. 45, Nr. 175

25 Johann Elias Ridinger
Ein lauernder Fuchs

Kupferstich
51,5 x 35,3 cm (37,3 x 29,7 cm)
Bez. rechts unten: Johann Elias Ridinger inven. delineav. sculps. et excud. Aug. Vindel.
Herkunft: Alter Bestand
Inv.Nr. 11907 Gr.
Literatur: Nagler 13, Le Blanc 224-246, Thienemann S. 45, Nr. 176

Die Jagd auf Füchse stellte für die fürstlichen Jagdgesellschaften ein besonderes Vergnügen dar. Bis weit in das 19. Jahrhundert hinein wurde das Fuchsprellen favorisiert, eine makabre Tötungsart, die in ihrer Härte die sonst übliche Fuchsparforcejagd mit dem abgerichteten Fuchshund noch übertraf. Dabei trieben Bedienstete den zuvor in Fallen gefangengenommenen Fuchs in den umfriedeten Teil eines Saales, Platzes oder Schlosshofes, wo er orientierungslos herumirrte.

J. E. Ridinger, Ein lauernder Fuchs, Kat.Nr. 25

Sogleich hetzten sie ihn auf lange schmale netzartige Tücher mit Haltegriffen an beiden Enden, um dann denselben von Edelmännern wie Edelfrauen aus purem Vergnügen, möglichst solange hoch in die Luft werfen und wieder auffangen zu lassen, bis dem gepeinigten Tier der Atem wegblieb oder es mit gebrochenen Gliedmaßen am Boden lag. Danach erst gab man ihm den Gnadenschuss. In dieser Jagdart äußert sich Erbarmungslosigkeit gegenüber der Kreatur.

Martin Elias Ridinger, Vogelfänger mit dem Schuhu, Kat.Nr. 26

26 Martin Elias Ridinger
Augsburg 1730 - 1780 Augsburg
Vogelfänger mit dem Schuhu und den Leimspillen
Radierung
43 x 32,3 cm (45,8 x 34,4 cm)
Bez. links unten: Joh. El. Ridinger inv., del. et exc. Aug. Vind., rechts unten: Mart. El. Ridinger sculpsit.
Herkunft: Alter Bestand
Inv.Nr. 6528 Gr.
Literatur: Thienemann S. 37, Nr. 132

Zum Vogelfang setzte man den nicht jagdbaren Schuhu ein, eine große Eulenart, auch als Uhu bekannt. Der Jäger brachte ihn im Käfig mit und platzierte ihn als Lockvogel weithin sichtbar auf eine starke Krakel,[1] von wo er sich wegen seiner Tagesinaktivität nicht wegrührte. Dann folgte das Auslegen der Leimruten oder Leimspillen. Dünne Reiser mit zähklebrigem Vogelleim bestrichen, wurden an Zweigen zwischen den Lockbüschen befestigt oder in die Erde gesteckt. Angelockt einerseits durch den Schuhu, der Gefahrlosigkeit signalisierte, andererseits von den Tönen der Vichtel,[2] die der Fänger im Versteck blies, kamen die Vögel herbei. Sie flogen auf die mit Beeren und Maulwürmern geköderten Leimruten und saßen bald fest, worauf der Fänger leichtes Spiel hatte und seine Beute nur einsammeln musste.

1 Krakel, auch Krakelbaum genannt, ist eine krückenförmige Sitzgelegenheit für Beizvögel, vgl. Haseder 1999, S. 472
2 Vichtel wurde eine Vogelpfeife genannt, mit der der Fänger den Ruf der Eule nachahmen konnte.

27 Martin Elias Ridinger
Hühnerfänger mit dem Hühnerhund
Radierung
45 x 35 cm (33,7 x 25,2 cm)
Bez. links unten: Joh. El. Ridinger inv. del. et excud. aug. Vind., rechts unten: Mart. El. Ridinger sculps.
Herkunft: Alter Bestand
Inv.Nr. 6527 Gr.
Literatur: Thienemann S. 35, Nr. 122

Martin Elias Ridinger, Hühnerfänger mit dem Hühnerhund, Kat.Nr. 27

In Begleitung seines Hühnerhundes durchstreift ein Fänger sein Jagdrevier, zu dem vor allem Wiesen und Felder gehören. Die Feldjagd zählt zur sogenannten Niederjagd und schließt das Fallenstellen mit ein. Vor die Flinte kommen dem Jäger Hühnervögel unterschiedlichster Art, die ihm der Hühnerhund aufstöbert. Jagdziel des Hühnerfängers sind z. B. Rebhühner, Rothühner, Wachteln, Schneehühner oder Trutwild. Diese Art des Jagens besitzt zwar eigenen Reiz und Spannung, doch aus dem Blickwinkel des Künstlers scheint sie eher amüsant und beschaulich zu verlaufen.

28 Martin Elias Ridinger
Den Hasen mit dem Habicht beizen

Kupferstich
50,5 x 35 cm (33,6 x 26,3 cm)
Bez. links unten: Joh. El Ridinger inv. del. et excud. Aug. Vind., rechts unten: Mart. El Ridinger sculps.
Herkunft: Alter Bestand
Inv.Nr. 11892 Gr.
Literatur: Nagler 58, Thienemann S. 36, Nr. 129, Voss 1993, Abb. S. 71

Ridinger hat den Augenblick festgehalten, kurz bevor der abgerichtete Habicht sich auf den verängstigten Hasen stürzt. Der hinter einem Felsen hervorsprengende Jäger erlebt aus der Höhe des sich aufbäumenden Pferdes die letzten hochdramatischen Momente des Angriffs. Zwei Windhunde sind in tollem Jagen dem Hasen auf den Fersen. Das gehetzte Tier versucht, ihnen mit letzter Kraft in einem großen Satz zu entkommen, doch längst ist der Habicht im reißend schnellen Flug dicht über ihm erschienen, um den Hasen am Boden durch einen Kopf- und Halsgriff seiner stark ausgeprägten Krallen zu töten. Die Habichtbeize war am mecklenburgischen Hofe mehr verbreitet als die wesentlich teurere Falkenjagd.

29 Abraham Govaerts
Antwerpen 1589 - 1626 Antwerpen
Hirschjagd im Walde

Öl auf Eiche, 56,0 x 80,5 cm
Herkunft: Alter Bestand, erworben zwischen 1725 und 1792
Inv.Nr. G 7
Literatur: Groth 1792, S. 41 als D. Vinckboons, Lenthe 1836, Nr. 536 als Jan Breughel, Schlie 1882, Nr. 424, Prosch 1888, Th-B Bd. XIV, S 451, Wurzbach 1906, Bd. I, S. 607, Bode 1891, S. 151, Jürß 1982, Abb. S. 128, Strutz 1984, Abb. 64, S.112
Ausstellungen: 1973 Staatliche Kunstsammlungen Dresden "Restaurierungswerkstatt"

30 Johann Elias Ridinger
Ulm 1695 - 1767 Augsburg
Der Anstand auf Hasen und wie sie mit den Hunden getrieben werden, 1729

Radierung
45,1 x 56 cm (33,8 x 42,8 cm)
Bez. links unten: J. El. Ridinger invent. pinx. sculps. et excud. Aug. Vind., rechts unten: Avec privil de Sa Maj. Imp.
Herkunft: Alter Bestand
Inv.Nr. 11885 Gr.
Literatur: Nagler 7, Le Blanc 76-111, Thienemann S. 15, Nr. 45

Ins Bild gesetzt sind nicht allein die üblichen Jagdarten des 18. Jahrhunderts, die Szenen werden mit einer bemerkenswerten Regelmäßigkeit durch verbale Ausführungen in deutscher und französischer Sprache ergänzt, um das unmittelbar Dargestellte noch eindeutiger zu erklären. Von den vielen Formen der Hasenjagden wurde die mit zwei Stöberhunden, wie auf dem Blatt von 1729 vorgestellt, auch in Mecklenburg bis weit in das 19. Jahrhundert hinein praktiziert. Zu den gebräuchlichsten Stöberhunden, die in unübersichtlichem Gelände das Wild spurlaut verfolgen mussten, gehörten bei den höfischen Jagden vor allem englische Hunde: Cocker-Spaniel, Springer-Spaniel, Welsh-Springer-Spaniel.

31 Johann Elias Ridinger
Die Par-Force Jagd, 1729

Aus der Folge: Der Fürsten Jagd-Lust
Kupferstich
46,7 x 56,6 cm (34 x 42,6 cm)
Bez. links unten: J. El. Ridinger inv. pinx. sculps. et exc. A. V., rechts unten: avec privil. de sa. Maj. Imperiale
Herkunft: Alter Bestand
Inv.Nr. 11877 Gr.
Literatur: Nagler 7, Le Blanc 76-111, Thienemann S. 10, Nr. 21

Johann Elias Ridinger, Der Anstand auf Hasen, Kat.Nr. 30

Parforcejagd, eine französische Jagdweise, meint die Jagd zu Pferde hinter einer großen laut jagenden Hundemeute auf ein einzelnes Stück Wild. Diese Jagd galt vor allem dem Hirsch. Ridinger hat in mehreren Folgen einzelne Szenen der seit dem Mittelalter üblichen und aus dem Orient stammenden Jagdart gestaltet. In Frankreich schätzte Ludwig XIV. sie besonders. An deutschen Fürstenhöfen folgte man seinem Beispiel, doch die Bestrebungen der Aufklärung verhinderten hier letztlich ihre volle Entfaltung. Obwohl diese Jagden äußerst kostspielig waren, hat man sie sich auch am mecklenburgischen Hof noch bis zur Mitte des 19. Jahrhunderts geleistet.[1]

1 LHA Schwerin, Kabinett III, Teil II, 57- Kosten der Parforcejagd und Piqueurs in Ortkrug 1858-1865

Johann E. Ridinger, Das umstellte Jagen Kat.Nr. 32

32 Johann Elias Ridinger
Das umstellte Jagen, 1729
Aus der Folge: Der Fürsten Jagd-Lust
Kupferstich
47 x 56,5 cm (33,9 x 42,5 cm)
Bez. rechts unten: J. El. Ridinger inv. pinx. sc et exc. A. V., links unten: avec privil. de Sa. Maj. Imperiale.
Herkunft: Alter Bestand
Inv.Nr. 11878 Gr.
Literatur: Nagler 7, Le Blanc 76-111, Thienemann S. 11, Nr. 22

Diese Jagdform war in Deutschland sehr gebräuchlich. Das umstellte oder auch eingestellte Jagen, das deutsche Jagen, galt dem Hochwild, das in einen von Tüchern und Netzen umzogenen, verhältnismäßig kleinen freien Raum auf einem Feld, von Treibern aus dem Walddickicht hineingejagt wurde. Hatte das Wild diesen Ort erreicht, fand es keinen Ausweg und wurde ohne die geringste Möglichkeit des Schutzes von einer Schusshütte aus, in der sich die Jagdherren und Gäste befanden, niedergestreckt. Das eingestellte Jagen war an den Höfen eine besondere Festlichkeit, Glanz und Prunk begleiteten das Umfeld, reiche Bankette, große Gelage und aufwendige Garderoben gehörten dazu.

33 Johann Elias Ridinger
Die Wasserjagd, 1729
Aus der Folge: Der Fürsten Jagd-Lust
Kupferstich
46,7 x 57 cm (34 x 42,7 cm)
Bez. rechts unten: Joh. El. Ridinger inv. pinx. sculps. et excudit Aug. Vin., links unten: avec privilege de sa Mal. Imp.
Herkunft: Alter Bestand
Inv.Nr. 6546 Gr.
Literatur: Thienemann S. 11, Nr. 23

Ridinger beschreibt die Wasserjagd als eine der "größten Ergötzlichkeiten großer Herrn",1 bei der in erster Linie Hirsche aus dem Wald heraus ins Wasser getrieben werden. Dabei kann es sich um natürliche Flussbetten, aber auch um extra angelegte, künstliche Gewässer handeln. Treiber mit ihren Hunden zwingen die Hirsche, direkt ins Wasser zu laufen. Sie versuchen schwimmend das andere Ufer zu erreichen und prallen an aufgestellten Schirmen oder massiven Fangtüchern zurück, streben zwangsläufig wieder dem Wasser zu und sind den Jägern erneut ausgeliefert. Die hohen Herren sitzen mit ihrer Gesellschaft in kleinen, festverankerten Kähnen, die einer Schießhütte gleichen, und beobachten amüsiert die Not der Tiere, um ihnen dann vom sicheren Ort aus den Todesschuss zu versetzen. Am Rande des Wassers stehen die Treiber mit langen Hakenstangen, das erlegte Wild herauszuziehen.

1 Vgl. Thienemann S. 11, Nr. 23

Johann E. Ridinger, Wie die Schweine mit Netzen gefangen werden, Kat.Nr. 35

34 Johann Elias Ridinger
Die in das Netz gefallenen Hirsche
Aus der Folge: Der Fürsten Jagd-Lust
Kupferstich
47 x 58 cm (34 x 43 cm)
Bez. rechts unten: avec privil. de Sa Maj. Imp., links unten: J. El. Ridinger inv. pinx. sculps. et excud. A.V.
Herkunft: Alter Bestand
Inv.Nr. 11879 Gr.
Literatur: Thienemann S. 11, Nr. 24

35 Johann Elias Ridinger
Wie die Schweine mit Netzen gefangen werden, 1729
Aus der Folge: Der Fürsten Jagd-Lust
Kupferstich
32,2 x 40,3 cm, Blatt stark beschnitten
Bez. rechts unten: J. El. Ridinger inv. pinx. sculps et excud. A. V., links unten: avec privil de Sa. Maj. Imp.
Herkunft: Alter Bestand
Inv.Nr. 11881 Gr.
Literatur: Nagler 7, Le Blanc 76-111

36 Johann Elias Ridinger
Der angejagte Hirsch wird mit dem Lancier-Hunde gesprengt
Aus der Folge: Die Hirsch Parforce-Jagd 2. Teil
Radierung
37 x 55,2 cm (31,3 x 48,2 cm)
Bez. links unten: Joh. El.Ridinger del. sculpsit et excud. Aug.Vind.
Herkunft: Alter Bestand
Inv.Nr. 12033 Gr.
Literatur: Thienemann S. 18, Nr. 56

Im Zentrum steht der kapitale Hirsch, den der von einem Piqueur festgehaltene Leithund verfolgt. Lautes Bellen des Lancierhundes, Schreien, Hörnerschall und Peitschengeknalle der Treiber sollen die Flucht des geängstigten Tieres beschleunigen und es in Richtung der Hundemeute und des Jagdherrn lancieren, damit ihm der Schuss gegeben werden kann.

36a Johann Elias Ridinger
Der Hirsch stellt sich im Wasser, die Hunde werden gestopft und ihm der Fang gegeben
Aus der Folge: Die Hirsch Parforce-Jagd 4. Teil
Radierung
38,3 x 55 cm (31,3 x 47,7 cm)
Bez. links unten: Joh. El. Ridinger del. et excud. Aug. Vind.
Herkunft: Alter Bestand
Inv.Nr. 6547 Gr.
Literatur: Thienemann S. 19, Nr. 61

Während der langen Dauer der Parforcejagd läuft der ermüdete Hirsch in seiner Todesangst ins Wasser. Die Meutehunde werden am Wasser zurückgehalten und bellen ihn vom Ufer her wild an. Und während der Hirsch verzweifelt versucht, aus dem Wasser herauszufinden, versammelt sich die ganze Jagdgesellschaft, um dem makabren Schauspiel, das mit dem Todesschuss endet, gespannt zuzusehen. Sollte der Jäger nicht gut getroffen haben und der Hirsch nur angeschossen gewesen sein, so dass er aus dem Wasser fliehen konnte, eilen ihm die Hunde nach, um ihn zu packen, zu reißen und dem Schützen erneut vorzulegen.

37 Johann Elias Ridinger
Der Hirsch wird von den Parforce-Hunden angefallen und ihm wird der Fang gegeben, 1756
Aus der Folge: Die Hirsch Parforce-Jagd 4. Teil
Radierung
38,7 x 55 cm (31,5 x 47,5 cm)
Bez. rechts unten: J. El. Ridinger inv. Sculps. et excudit aug. Vind. 1756
Herkunft: Alter Bestand
Inv. Nr. 6548 Gr.
Literatur: Thienemann S. 20, Nr. 62

Die Szene zeigt, wie die Hundemeute dem verwundeten Hirsch zusetzt, ihn anbellt und solange zermürbt, bis ihm der Jagdherr mit dem Hirschfänger den Todesstoß geben wird.

37a Johann Elias Ridinger
Dem Hirsch werden die Hessen abgehauen oder die jarrets coupiret
Aus der Folge: Die Hirsch Parforce-Jagd 4. Teil
Radierung
31,2 x 47,7 cm
Bez. unten links: Joh. El. Ridinger del sculps. et excud. Aug. Vind.
Herkunft: Alter Bestand
Inv.Nr. 6549
Literatur: Thienemann S. 20, Nr. 63

Dem gestellten und ermüdeten Tier werden schließlich die Hächsen, die Sehnen der Hinterfüße, durchgeschlagen, damit er die Hunde nicht forkeln und der Jagdherr ihn ungefährdet mit einem Stich des Hirschfängers hinter dem linken Blatt abfangen kann. Danach wurde zum Halali geblasen.

38 Johann Elias Ridinger
Das Curée
Aus der Folge: Die Hirsch Parforce-Jagd 4. Teil
Radierung
37,8 x 54,2 cm (31,2 x 47,7 cm)
Bez. unten links: J. E. Ridinger inv. Sculpsit et excudit Aug. Vindel. 1756
Herkunft: Alter Bestand
Inv.Nr. 6550 Gr.
Literatur: Thienemann S. 20, Nr. 64

Der abgefangene Hirsch wird noch vor Ort zerlegt und der Ehrenlauf,[1] der rechte Vorderlauf des Hirsches, dem würdigsten Jagdgast als Trophäe überreicht. Die ganze Gesellschaft versammelt sich zur

Johann Elias Ridinger, Der Hirsch wird von Parforce-Hunden angefallen, Kat.Nr. 37

Curée, bei der Fell und Kopf des Hirsches der Hundemeute vorgehalten und von dieser angebellt wird. Das Wildfleisch wirft man den Hunden vor, die Jagd ist zu Ende.[2]

1 Die übrigen Ehrenläufe werden anderen würdigen Jagdgästen überreicht. Die Läufe wurden am Griff des Hirschfängers getragen.

2 Bei erfolgreichen Jagden tritt die Gesellschaft unter lauten Hornfanfaren den Rückweg an. An der Spitze des Zuges reitet dann der Piqueur mit der Decke des Hirsches unter dem Sattel und dem Geweih in der Hand.

Von den Jagdwaffen

Harald Knöppke

Da zur Jagd bei Hofe auch zahlreiche Gäste geladen wurden, war ein großer Bedarf an Waffen vorhanden, sowohl für den persönlichen Gebrauch durch den Jagdherrn, als auch für die Nutzung durch die Gäste. So entstanden an den Höfen Gewehrkammern mit oft reichen Beständen an Jagdwaffen. Mit dem steigenden Repräsentationsbedürfnis seit dem 16. Jahrhundert nahm die Nachfrage nach kostbaren Waffen zu, und es bildeten sich in der Folgezeit spezielle Prunk- und Luxuswaffen heraus. Oft weisen diese Waffen kaum Gebrauchsspuren auf, was den Schluss zulässt, dass sie ausschließlich als Schmuckobjekte Verwendung fanden und der Repräsentation des Adels dienten.

Feuerwaffen verkörpern den technischen Höchststand im Bereich der Metallbe- und verarbeitung. Ihre Funktionsprinzipien, Konstruktionsmerkmale und Herstellungstechniken sind Belege für das erreichte Entwicklungsstadium und Produktionsniveau. Die Herstellung von Feuerwaffen machte die Lösung einer Vielzahl von Konstruktionsproblemen erforderlich. Vom vermeintlich undurchschaubaren "Teufelswerk" entwickelten sie sich zum perfekten Jagdwerkzeug.

Mit der Waffenherstellung, wozu auch die Jagdwaffen zählten, entstanden völlig neue Industriezweige. Stellte doch beispielsweise der höchstbeanspruchte Lauf, der im Gebrauch unbeschädigt bleiben musste, hohe Anforderungen an Gießer und Schmiede. Die Produktionstechnik in der Metallbearbeitung- und aufbereitung schritt durch die erhöhten Anforderungen erheblich voran und beflügelte auch benachbarte Berufszweige. Das äußere Erscheinungsbild, die Funktion und die Konstruktion, das Material und die Art seiner Verarbeitung, Signaturen und Verzierungen, all dieses spiegelt eine Reihe von Entwicklungstendenzen der Gesellschaft wider.

Der Sammlungsbestand "Kriegs- und Jagdwesen" des Staatlichen Museums Schwerin umfasst mehr als 2000 Sammlungsobjekte, ca. 500 dieser Objekte waren für jagdliche Zwecke bestimmt. Zu diesem kleinen, aber feinen Bestand gehören neben Jagdgewehren und Pistolen auch Sauspieße, Hirschfänger, Weidbestecke, Jagdtaschen, Pulverflaschen, Jagdnetze und Jagdlappen sowie diverses Jagdzubehör. Hervorragende Schusswaffen, wie die von Michele Battista aus der Königlichen Waffenfabrik Neapel, die von Bertrand Piraube, dem Hofbüchsenmachers Ludwig XIV., zählen ebenso dazu, wie Prunkgewehre aus der russischen Fabrik in Tula oder die Gewehre und Pistolen der zahlreichen Schweriner Büchsenmacher.

Nachdem entdeckt war, welche Wirkung die Chemikalien Schwefel, Salpeter und

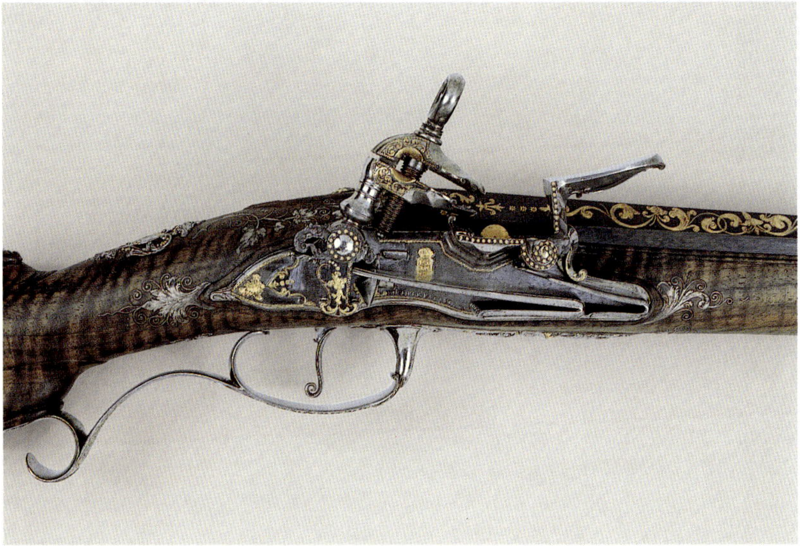

Jagdflinte mit Schnapphahnschloss, Kat.Nr. 43

Holzkohle in einem bestimmte Mischungsverhältnis haben können, war der Weg bis zum erstmaligen Befördern von Kugeln aus einem Rohr mittels dieses Schießpulvers nicht mehr weit. Die bisher ältesten ermittelten Schrift- und Bildquellen über die Verwendung von Pulvergeschützen dokumentieren, dass 1325 in Florenz beschlossen wurde, Bronzekanonen zu bestellen.

Vermutlich Mitte des 14. Jahrhunderts wurden die ersten Handbüchsen hergestellt. Sie bestanden aus grob bearbeiteten, ca. 900 mm langen Holzschäften, auf denen ein ca. 200-300 mm langer Lauf mit einem Kaliber von 15-30 mm befestigt war. Die im hinteren Drittel befindliche Pulverladung wurde über einen Zündkanal mittels eines glühenden Eisens oder einer Lunte gezündet. Die sich durch den Verbrennungsvorgang ausdehnenden Pulvergase trieben die vor der Pulverladung befindliche Kugel aus dem Lauf.

Das ständige Bemühen um bessere Schießleistungen durch neue, bessere Konstruktionslösungen beweisen jedoch auch die nüchterne und reale Auseinandersetzung mit den chemisch-physikalischen und taktischen Problemen der neuen Waffen. Bereitete es dem Schützen keine großen Schwierigkeiten, die Pulverladung seiner Waffe zur Explosion zu bringen, war es bei der Konzentration auf den Zündvorgang nicht möglich, beim Auslösen des Schusses das Ziel ins Auge zu fassen. Er schoss also entweder ohne zu zielen, oder er bediente sich eines zweiten Mannes für den Zündvorgang. Eine Lösung dieses Problems brachte die Erfindung des Luntenschlosses. Die Grundlage dieses Schlosses bildete ein drehbarer Hebel, in dessen oberem Ende die Lunte eingeklemmt war. Das untere Ende bildete den Abzug, der bei Betätigung die Lunte auf das Zündpulver senkte und den Schuss auslöste. Der Schütze konnte sich erstmals auf sein Ziel konzentrieren, ohne einen zweiten Schützen für den Zündvorgang zu beanspruchen.

Das Schloss wurde so weiterentwickelt, dass sich über Hebel und Federn der Hahn nach dem Entzünden des Pulvers und Loslassen des Abzuges sofort wieder in seine Ausgangslage zurückbewegte.

Damit war ein Feuerwaffenschloss erfunden, welches relativ zuverlässig, einfach in der Konstruktion und Herstellung, also haltbar und billig war. Durch eine bessere Pulveraufbereitung sowie eine bessere Laufgestaltung konnten die Schießleistungen erheblich verbessert werden. Seit der ersten Hälfte des 16. Jahrhunderts wurden gezogene Läufe verwendet, welche die Schussgenauigkeit positiv beeinflussten. Nachteilig bei der Verwendung von Waffen mit Luntenschlössern war, dass der Schütze immer eine glühende Lunte greifbar haben musste und die Waffe bei Nässe nur bedingt einsetzbar war. Auch roch das Wild die Lunte und floh. Diese Nachteile riefen zwangsläufig nach besseren Lösungen.

Das Radschloss wurde erfunden. Es schloss die Nachteile des Luntenschlosses aus, indem die Waffe schussbereit transportiert werden konnte, also jederzeit einsatzbereit und weniger von der Witterung abhängig war.

Pirschrohr mit Luntenschloss, Kat.Nr. 38

Die Konstruktion beruht darauf, dass ein unter Federspannung stehender Hahn, in dessen Lippen ein Feuerstein eingespannt ist, auf ein mit einem geriffelten Rand versehenes Eisenrad drückt. Über einen Mechanismus, der durch eine Feder angetrieben wird, erfolgt eine Drehung des Rades. Das Reiben des Stahls an dem Stein erzeugt die Funken, die das Zündpulver entzünden. Nach einem ähnlichen Prinzip werden auch heute noch einfache Feuerzeuge gezündet. Wer der Erfinder des Radschlosses war, lässt sich nicht mit Bestimmtheit sagen, aber bereits in den Jahren 1500-1505 schuf Leonardo da Vinci die in der Handschrift "Codex Atlanticus" enthaltenen Zeichnungen von Radschlössern. Es sind hier die wesentlichen Bauteile eines Radschlosses dargestellt. Unabhängig davon, wem tatsächlich die Erfindung zuzuschreiben ist, gilt es als sicher, dass sie im ersten Jahrzehnt des 16. Jahrhunderts lag. Man wird wohl davon ausgehen können, dass an mehreren Orten und von verschiedenen Erfindern gleichzeitig an dieser Entwicklung gearbeitet wurde. Erstaunlich ist die Tatsache, dass trotz der Erfindung des Radschlosses, dem ca. 50 Jahre später das Schnapphahnschloss und nach weiteren 50 Jahren das Steinschloss folgte, so lange an den Waffen mit Luntenschlössern festgehalten wurde. Ob hier der hohe Preis eine Rolle spielte, wissen wir nicht, zudem hatte das Radschloss nicht nur Vorteile. Nachteilig war, dass die Pulverrückstände zum Verkrusten neigten, wodurch das Rad schwergängig wurde. Trotzdem rüstete der Adel seine Jägerschaft oft mit diesen modernen Waffen aus.

Pirschbüchse mit Radschloss, Kat. Nr. 40

Bedeutend einfacher im Aufbau und auch zuverlässiger war das Steinschloss. Hier wurde der Funke dadurch erzeugt, dass der Hahn mit dem eingespannten Feuerstein gegen die Batterie schlug, welche die Pulverpfanne abdeckte. Durch diesen Schlag kippte die Batterie nach vorn, und die entstehenden Funken fielen auf die nun geöffnete Pfanne. Das abbrennende Zündpulver erreichte, wie auch beim Lunten,- und Radschloss durch einen Zündkanal die Pulverladung im Innern des Laufs. Die Herausforderung für die Schlosser bestand in dem Zusammenspiel der Federkräfte der Batterie und des Hahnes. Unzuverlässig war die Funktion des Feuersteins. Er konnte, wie auch beim Radschloss, abplatzen und seinen Dienst versagen.

Anfang des 19. Jahrhunderts wurde ein sehr zuverlässiges Schloss ohne Feuerstein erfunden. Bei dem Perkussionsschloss entstand der Funke durch den Schlag des Hahnes auf explosive Chemikalien, die in einem Zündhütchen untergebracht waren. Das Zündhütchen wurde auf ein Piston gesteckt, welches die Funktion des Zündkanals übernahm, aber den Zündfeuerstrahl direkt auf die Pulvertreibladung lenkte. Die spürbare Pause

Jagdflinte mit Steinschloss, Kat.Nr. 45

Doppelläufige Jagdflinte mit Perkussionsschlössern, Kat.Nr. 54

zwischen Auslösen des Schlosses, Abbrennen des Zündpulvers und Entzünden der Pulvertreibladung war überwunden. Das Perkussionsschloss war im Gegensatz zu seinen Vorgängern absolut wetterfest. Der Weg zu den noch heute gebräuchlichen Waffen, bei denen sich sowohl das Zündpulver, die Treibladung und das Geschoss in einer Patrone befand, die von hinten in den Lauf geschoben wurde, war nicht mehr weit …

39 Pirschrohr mit Luntenschloss
Deutsch, 16./17. Jahrhundert
Holz, Eisen, Bein
940 mm
Inv.Nr. KJ 3156
Literatur: Kat. SMS Waffen 1959, S. 21, Kat.Nr. 94, Abb. 13

40 Pirschbüchse mit Radschloss
Deutsch, Mitte 17. Jahrhundert
Nussbaumholz, Eisen, Horn
990 mm
Inv.Nr. KJ 2558
Literatur: Kat. SMS Waffen 1959, S. 25, Kat.Nr. 134

41 Jagdfaustrohr mit Radschloss
Deutsch, Anfang 17. Jahrhundert
Nussbaumholz, Eisen, Bein
835 mm
Bez. auf Laufende: Schlagmarke "RP"
auf Schwanzschraube: "No49"
Inv.Nr. KJ 2575
Literatur: Kat. SMS Waffen 1959, S. 25, Kat.Nr. 138, Abb. 34

42 Pirschrohr "Tschinke" mit Radschloss
Deutsch, 16./17. Jahrhundert
Nussbaumholz, Eisen, Bein, Perlmutt
1135 mm
Inv.Nr. KJ 2531
Literatur: Kat. SMS Waffen 1959, S. 24, Kat.Nr. 124, Abb. 23

Tschinken wurden zur Jagd auf sitzende Vögel verwendet. Der leichte, grazile Schaft in Form eines Tierhufes war hier möglich, weil das kleine Kaliber keinen nennenswerten Rückstoß hinterließ.

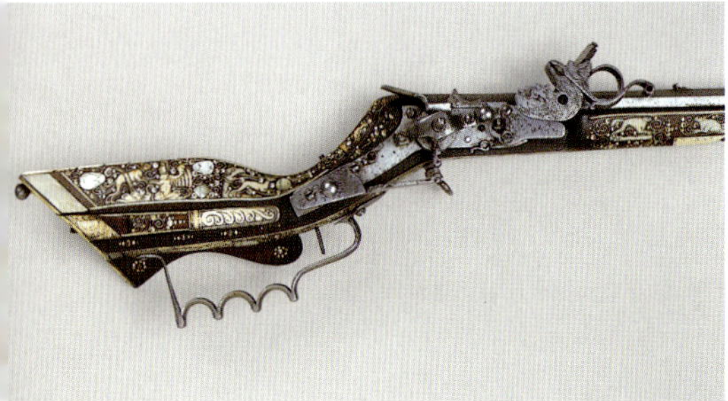

Tschinke mit Radschloss, Kat.Nr. 42

43 Jagdflinte mit Schnapphahnschloss
Michele Battista (Lebensdaten unbekannt)
Neapel, 1774
Nussbaumholz, Eisen, Gold, Silber
1467 mm
Bez. auf der Schlossplatte: "MICHELE BATTISTA", in Gold eingeschlagenes gekröntes "FR.DI.NAP"
auf dem Lauf: "A.D.1774" "FAB:R:DI NAP", in Gold eingeschlagenes gekröntes "FR"
auf dem Daumenblech: goldenes gekröntes "FR"
auf dem Abzugsbügel: "MICHELE BATTISTA"
Inv.Nr. KJ 2602
Literatur: Kat. SMS Waffen 1959, S. 30, Kat.Nr. 193

Battista arbeitete ca. 1770-1780 für den Hof in Neapel. Er zählte zu den besten Büchsenmachern Italiens. Anschließend zog er nach Madrid (dort signiert er MIGUEL BATTISTA).
Jagdflinte des Königs Ferdinant IV. von Sizilien. Mit Gold tauschierter Lauf und Garnitur, Schaft mit Silberdrahteinlagen.

44 Jagdflinte mit Steinschloss
Cahtman (Lebensdaten unbekannt)
London, Mitte 18. Jahrhundert
Holz, Eisen, Silber
1349 mm
Bez. auf der Schlossplatte: "CAHTMAN"
auf der Laufoberseite: "CAHTMAN LONDON"
auf Schaftkolben: "No52"
Inv.Nr. KJ 2702
Literatur: Kat. SMS Waffen 1959, S. 28, Kat.Nr. 171

45 Jagdflinte mit Steinschloss
Johann Peter Brockman (gest. 1797 Ludwigslust)
Rostock, 1781
Nussbaumholz, Eisen, Silber, Gold
1365 mm
Bez. auf der Schlossplatte: "J.P.BROCKMAN - 1781 A ROSTOCK"
auf der Laufoberseite: " J.P.BROCKMAN"
auf der Kolbenplatte: "No 5"
Inv.Nr. KJ 2595
Literatur: Kat. SMS Waffen 1959, S. 28, Kat.Nr. 170

1793 war Brockmann in Ludwigslust als Hofbüchsenschäfter tätig. Der eiserne Lauf, sowie die eiserne Garnitur der Flinte sind poliert, geschnitten und mit Goldeinlagen versehen. Silberblecheinlagen auf dem Schaft nur partiell vorhanden.

46 Jagdbüchse mit Steinschloss

David Bars (1718 - 1758/59)
Stockholm, Mitte 18. Jahrhundert,
Nussbaumholz, Eisen, Silber, Messing
1168 mm
Bez. auf der Schlossplatte: "DAVID BARS STOCKHOLM"
auf dem Schaftkolben: "No53"
Inv.Nr. KJ 2728
Literatur: Kat. SMS Waffen 1959, S. 28, Kat.Nr. 169
Bars war ab 1743 in Stralsund tätig. Damastlauf mit Silbertauschierung und Röhrenvisier.

47 Jagdflinte mit Steinschloss

Tula/Russland, 1743
Nussbaumholz, Eisen, Gold
1405 mm
Bez. auf der Schlossplatte: "TULA 1743" (Kyrillisch)
Inv.Nr. KJ 2598
Literatur: Müller 1979, S. 143, Abb. 123, Kat. SMS Waffen 1959, S. 29,
Kat.Nr. 179
Damaszierung auf dem Lauf in Vergoldung imitiert

48 Trombon mit Steinschloss

Deutsch, Mitte 18. Jahrhundert
Nussbaumholz, Eisen, Silber
1091 mm
Inv.Nr. KJ 2692
Literatur: Kat. SMS Waffen 1959, S. 31, Kat.Nr. 203

Damastlauf mit Silberdrahttauschierung. Das Trombon (auch Tromblon) hat einen vorn trichterförmig geöffneten Lauf. Der Zweck dieser Laufgestaltung lag vor allem in der Möglichkeit, die Waffe z. B. auf schwankenden Kutschen, einem Pferd oder auf Schiffen zu laden.

49 Jagdbüchse mit Steinschloss

Paul Rolof (Lebensdaten unbekannt)
Deutsch, Mitte 17. Jahrhundert
Nussbaumholz, Eisen, Messing
821 mm
Bez. auf der Schlossplatte: "PAVLL - ROLOF"
unter der Kolbenlade: "TOVT OV RIEN / FR. BRAVNSBERG"
Inv.Nr. KJ 2651
Literatur: Kat. SMS Waffen 1959, S. 26, Kat.Nr. 152

Hervorzuheben ist der mit einer gezogenen Eisenseele versehene massive Messinglauf.

50 Faustrohr mit Steinschloss

Deutsch, Anfang 18. Jahrhundert
Obstbaumholz, Eisen, Bein
740 mm
Inv.Nr. KJ 2545
Literatur: unveröffentlicht
1859 durch Großherzog Friedrich Franz II. von Mecklenburg-Schwerin erworben.

51 Jagdbüchse mit Steinschloss

J.S.Meckel (in Schwerin nachweisbar 1717-1761)
Schwerin, 1735
Nussbaumholz, Eisen, Messing
733 mm
Bez. auf der Schlossplatte: "1735 J.S.MECKEL A. SUERIN"
auf der Kolbenplatte: "No3"
Inv.Nr. KJ 2722
Literatur: unveröffentlicht

52 Doppelläufige Jagdflinte mit Perkussionsschlössern

Griecke (Lebensdaten unbekannt)
Ludwigslust, Mitte 19. Jahrhundert
Nussbaumholz, Eisen, Silber
1255 mm
Bez. auf den Schlossplatten, rechte Seite: "GRIECKE", linke Seite: " A LUDWIGSLUST"
auf Laufoberseiten, rechter Lauf: " IN LUDWIGSLUST", linker Lauf: "GRIECKE",
auf Daumenblech: gekröntes "PF"
Inv.Nr. KJ 2712
Literatur: unveröffentlicht

53 Doppelläufige Jagdflinte mit Perkussionsschlössern

G. Kreißer (Lebensdaten unbekannt)
Leipzig, Mitte 19. Jahrhundert
Nussbaumholz, Eisen, Gold, Horn
1280 mm
Bez. auf den Schlossplatten, linke Seite: "in Leipzig", rechte Seite: "G.Kreißer"
Inv.Nr. KJ 4393
Literatur: unveröffentlicht

Lauf mit Damastimitation, Goldtauschierung in den Schlossplatten.

54 Doppelläufige Jagdflinte mit Perkussionsschlössern

Heinrich Sturm (Lebensdaten unbekannt)
Suhl, Mitte 19. Jahrhundert
Nussbaumholz, Eisen, Gold
1300 mm
Bez. auf der linken Laufoberseiten: "HEINR : STURM", rechte Laufoberseite: "SUHL"
zwischen den Läufen: "No58"
auf dem Abzugsbügel: "PATENT"
Inv.Nr. KJ 2594
Literatur: Kat. SMS Waffen 1959, S. 35, Kat.Nr. 250
Goldtauschierung in den Laufoberseiten. Ehemaliger Besitzer war General von Elderhorst.

Hirschfänger, Kat.Nr. 55

55 Hirschfänger

Neapel, 1775
Eisen, Gold
685 mm
Bez. auf Klinge vor Parierstange: "FABR DI NAP AN 1775", Schlagmarke gekröntes "FR"
auf der Klingenkante: "Frantz Bourgeois von wien gebirdig 1775"
Inv.Nr. KJ 3129
Literatur: Kat. SMS Waffen 1959, S. 20, Kat.Nr. 77
Hergestellt in der Königlichen Fabrik zu Neapel unter König Ferdinand IV. von Sizilien

56 Weidbesteck

Deutsch, Mitte 18. Jahrhundert
Eisen, Achat
710 mm
Inv.Nr. KJ 3126
Literatur: unveröffentlicht
Messer und Gabel ebenfalls mit geschnittenen Achatgriffen.

57 Pulverflasche mit ehemals integrierter Uhr

Süddeutschland?, um 1620
Elfenbein, vergoldetes Messing
H. 20,3cm, B. 9,7cm
Herkunft: Alter Bestand
Inv.Nr. KJ 4303
Literatur: Strutz 1984, Abb. 230, Starsy 1994, S. 23, Kat.Nr. 8
Ausstellung: seit 1972 ständige Ausstellung von Jagdwaffen in Schloss Güstrow

Das Thema der Jagd findet sich sowohl auf der Vorderseite der geschnitzten Pulverflasche, die eine Hirschjagd zeigt, als auch auf der Montierung, die in vier gravierten Szenen eine Wildschweinjagd wiedergibt. Dass sich in dem Mitteloval einmal eine Uhr befand, lässt sich anhand einiger ähnlicher Exemplare, beispielsweise in Dresden, Kopenhagen und Stockholm, belegen.

58 Pulverhorn

Deutsch, Ende 19. Jahrhundert
Horn, Messing
265 mm
Herkunft: 1928 als Schenkung Frau Oberförster Emmy Paris, geb.Tackert, Schwerin.
Inv.Nr. KJ 4534
Literatur: unveröffentlicht

Pulverflasche, Kat.Nr. 57

59 Pulverhorn
Deutsch, 19. Jahrhundert
Horn
180 mm
Herkunft: 1933, Prof. Wossidlo, Waren
Inv.Nr. KJ 4103
Literatur: unveröffentlicht

60 Pulverhorn
Deutsch, 19. Jahrhundert
Horn
160 mm
Herkunft: 1933, Prof. Wossidlo, Waren
Inv.Nr. KJ 4108
Literatur: unveröffentlicht

Von den großen Jagdgesellschaften

Hela Baudis

Jagen besaß zu allen Zeiten das Moment der inneren Erregung, jagen produzierte Spannung und konnte wie ein Stachel unter der Haut des Jägers sitzen und sich nur allzu leicht zur unbändigen Leidenschaft entwickeln. Wenn ein Landesherr seinem Jagdvergnügen nachgehen wollte, hatte das Hof-Jagd-Departement wieder und wieder alle Arten von Jagden vorzubereiten. Dazu ergingen Einladungen an einen großen Kreis adliger Familien und andere Dynastien. Die Jagd war ein gesellschaftliches Ereignis, bei dem auch das politische Gespräch nicht zu kurz kam. Zudem musste reichlich Jagdpersonal bereit stehen, um das Wild durch Wälder, Felder, Wiesen und über Äcker dem Fürsten zuzutreiben. Achtlos ignorierten die hohen Herren die Situation der Leibeigenen, und die Klagen der armen Bauern fanden kein Gehör. Der Dichter Gottfried August Bürger (1747-1794) fasste ihre verzweifelten Fragen in Versen zusammen:
“Wer bist du, Fürst, daß in mein Fleisch / Dein Freund, dein Jagdhund, ungebläut / Darf Klau und Rachen haun? / Wer bist du, daß durch Saat und Forst / Das Hurrah deiner Jagd mich treibt,/ entatmet wie das Wild? - Die Saat, so deine Jagd zertritt, / was Roß und Hund und du verschlingst, / Das Brot, Du Fürst, ist mein.”[1]
Da die Jagd an den Grundbesitz gebunden war, glaubten die fürstlichen Jäger alle Privilegien zu besitzen. Mit Pracht und Prunk, aufwendigen Banketten und festlichen Dekorationen, überraschten sie die geladenen Gäste, die von weither angereist kamen, brillierten in eleganten Jagdkostümen und trugen kostbare Jagdwaffen. Sie boten der noblen Gesellschaft die besten Pferde zum Jagdritt an und führten eine kaum überschaubare Hundemeute edelster Rasse mit sich.
In Deutschland jagten die Fürsten nahezu schrankenlos. 1719 erlegte z. B. eine Hofgesellschaft bei einer Wasserjagd nahe Dresden 394 Stück Rot- und Rehwild, und während eines deutschen Jagens 1748 wurden bei Würtenburg 5000 Stück geschossen.[2] Das von den adligen Jagdgesellschaften angemaßte und verbriefte Vorrecht zu jagen, entartete zur Begierde am Töten, zum Massenstrecken innerhalb weniger Stunden. Der mecklenburgische Großherzog Friedrich Franz II. verbuchte an zwei Tagen, am 29. und 30. Oktober 1860, einen Jagderfolg, den sein Oberjägermeister Graf von Bernstorff auf Dreilützow wie folgt dokumentierte “Seine Durchlaucht haben erlegt: 1 Damhirsch, 17 Sauen, 3 Keiler, 249 Hasen, 9 Fasanen, 3 Rebhühner, 1 Fuchs.”[3]
Die Warnungen, die der Staatsmann Andreas Gottlieb Graf von Bernstorff[4] (Ratzeburg 1649-1726 Gatow), angesichts der ausschweifenden Jägerei 1720 ausgesprochen hatte, schienen ungehört geblieben. Bernstorff stellte damals fest: “Die Jagd sei

Jan Bruegel d. Ä., Jagdgesellschaft bei der Hirschjagd im Walde, Kat.Nr. 61

an sich ein nobles Exercitium zur Gesundheit und Übung des Leibes und zur Recreation von der Arbeit, doch das träfe nur zu, wenn sie in Maßen betrieben werde. Zwar würde ein Edelmann auf dem Lande schon Mühe haben, seine Zeit immer gut hinzubringen, wenn er nicht zuweilen die Jagd zur Hilfe nehme. Aber sich dieser Passion so zu ergeben, das man meine, des Jagens halber in der Welt zu sein und nichts anderes wisse und lerne, als hinter einem Tier herzurennen und damit alle oder die beste Zeit des Lebens hinzubringen, sei gar nicht löblich, sondern ein Werk von allerhand bösen affecten; welches die Leute von aller anderen Arbeit, ja von anderen Gedanken abzuziehen, sie zu einem brutalen und unordentlichen Leben führen und zu allen anderen Dingen ungeschickt zu machen pflege."[5] Zweifellos weisen diese Äußerungen auf einen aufgeklärten adligen Geist der Zeit hin. Doch die Ideen der Aufklärung setzten sich nur langsam und partiell durch.

Gemälde mit Jagdgesellschaften aus dem 17. Jahrhundert, die Herzog Christian Ludwig II. besonders von flämischen Barockkünstlern erwarb, wie Jan Bruegel d. Ä. (Kat.Nr. 61) oder Gillis van Coninxloo (Kat.Nr. 62), bieten kaum einen Hinweis auf allzu aufwendiges jagdliches Treiben. Die dargestellten Jagdteilnehmer dominieren nicht, sind eher Zutat, Staffage zur Landschaft. Aber dennoch müssen Thema und Ausführung den fürstlichen Sammler interessiert haben, und ihm besonders wegen des überaus feingestimmten malerischen Kolorits, willkommen gewesen sein. Wie rigoros der Herzog selbst die Jagd betrieben hat, ist wenig bekannt. Keiner seiner Hofkünstler porträtierte ihn im Jagdkostüm oder in Aktion. Ob sein feinsinniger Geist ebenfalls so rückhaltlos dem Töten zugeneigt war, lässt sich kaum belegen. Ihm möchte eher maßvollere Jägerei zugebilligt sein.

Die graphischen Blätter, die er von dem französischen Meister Jean Moyreau (Kat.Nr. 63, 64) erwarb, und die nach Gemälden des holländischen Malers Philips Wouwerman entstanden sind, spiegeln ebenfalls keine wilden Kampfszenen. Sie zeigen die vornehme Welt der Edelmänner und Frauen, die in eleganter Garderobe zum kleinen Jagdvergnügen ausreiten, vergleichbar der Szene am Rande des großen Schwerin-Prospektes von Johann Alexander Thiele (Kat.Nr. 8), die ganz verhalten auf den Herzog und seinen Sohn zu Pferde verweist.

Den niederländischen Bildern mit Jagdgesellschaften fehlt der Hinweis auf das brutale Vorgehen der Jäger, während bei Ridinger im 18. Jahrhundert die Formen des Tötens in Szene gesetzt wurden.

Anders dagegen die Art des Berliner Malers Franz Krüger im 19. Jahrhundert, der ein eher biedermeierliches Bild einer adligen Jagdgesellschaft lieferte. Er harmonisierte die Situation, schilderte eine vergnügliche Jagdpause, die offenbar der Erholung bei Wein und Brot nach der Hatz galt (Kat.Nr. 65). Conrad Freybergs Ölskizze von 1879 stellt betont sachlich die Runde der Jagdgesellschaft um Kaiser Wilhelm I. am Ende einer erfolgreichen Schwarzwildjagd im Berliner Grunewald vor (Kat.Nr. 66). Weitaus grenzenloser in

Gillis van Coninxloo, Wald- und Flusslandschaft mit Jagdgesellschaft, Kat.Nr. 62

seinen Jagdgelüsten war der letzte Vertreter der Hohenzollern Dynastie Kaiser Wilhelm II. Innerhalb weniger Stunden soll er 15 Hirsche erlegt haben, um darauf nachweislich in einem anderen Revier in nur einer einzigen Stunde weitere 13 Hirsche zur Strecke zu bringen.[6]

Am Ende erfolgreicher Jagden erhielten würdige Mitglieder der Gesellschaft ihre weidmännischen Ehrungen, während unweidmännisches Vorgehen geahndet wurde. Mit der flachen Klinge des Hirschfängers oder Weidmessers teilte man dem Delinquenten entsprechend des Rituals Schläge aus. Waren es Damen, die ein unangemessenes Jagdverhalten gezeigt hatten, so behielt sich oft der Fürst selbst das Vergnügen der Bestrafung vor. Das bedeutete, der Hofjäger persönlich musste der Dame vor den Augen des Fürsten Oberkleid wie Reifröckchen hochheben, damit dieser höchst eigenhändig ihr den Streich versetzen konnte. Mit solchen amourösen Episoden gespickt, blieb die Jagd ein höchst vielseitiges gesellschaftliches Vergnügen für den Adel.[7]

1 Zitiert nach Gedicht: Bauer an seinen durchlauchtigsten Thyrannen, in:
G. A. Bürger, Sämtliche Gedichte, Berlin o. J. [1869]
2 Vgl. Willkomm 1990, S. XLI
3 LHA Schwerin, Kabinett III, Übersichten und Rapporte
4 Vgl. Grewolls, Grete Wer war wer in Mecklenburg-Vorpommern?, Bremen 1995, S. 47, Andreas Gottlieb Graf von Bernstorff war ein weitgereister und hochgeschätzer Diplomat. Er hatte u. a. Kontakte zum mecklenburgischen Hof, so begleitete er die Herzogin Angelique de Montmorency-Bouville, Gemahlin des Herzogs Christian Louis, auf einer großen Bildungsreise.
5 Zitiert nach Werner Graf von Bernstorff, Die Herren Grafen Bernstorff, Bernstorff 1982, S. 46
6 Vgl. Willkomm1990, S. XLII
7 Vgl. Haseder 1999, S. 109

61 Jan Bruegel d. Ä.
Brüssel 1568 - 1625 Antwerpen
Jagdgesellschaft bei der Hirschjagd im Walde
Öl auf Kupfer
25,0 x 36,4 cm
Herkunft: Alter Bestand, 1742 in Amsterdam erworben für die herzogliche Sammlung
Inv.Nr. G 2378
Literatur: Groth 1792, S. 79, Nr. 22, Lenthe 1821, Nr. 131, Schlie 1882, Nr. 120, Bode 1891, S. 150, Jürß 1982, Abb. 122, S. 32, Nr. 21

62 Gillis van Coninxloo
Antwerpen 1544 - 1607 Amsterdam
Wald- und Flusslandschaft mit Jagdgesellschaft
Öl auf Holz
48,5 x 91,5 cm
Herkunft: Erworben 1891 aus der Sammlung David Thormann, Wismar
Inv.Nr. G 10
Literatur: Th-B Bd. VII, S. 303, Joseph Alexander Graf Raczynski, Die flämische Landschaft vor Rubens, Frankfurt/Main 1937, S. 33, Abb. Nr. 25, Führer SMS 1980, Abb. S. 19, Jürß 1982, Abb. S. 82, Strutz 1984, Abb. S. 110
Ausstellungen: 1983 Stadtmuseum Torùn "750 Jahrfeier der Stadt Torùn"

Gillis van Coninxloo präsentiert einen großen Landschaftsausschnitt, der sich nach rechts in eine Art Weltlandschaft öffnet und links durch eine Waldschneise den Blick in einen lichterfüllten hinteren Waldraum gewährt. Der flämische Maler aus dem Kreis der Frankenthaler Künstler leistete eine präzise Arbeit, die einen besonderen atmosphärischen Reiz besitzt. Durch räumliche Staffelungen, das Spiel mit Weite und Nähe, durch das Dunkel und Licht macht Coninxloo den Wald zu einem mystischen Ort. Die kleine Jagdgesellschaft im Vordergrund hat er nicht selbst hineinformuliert, Figuren waren seine Sache nicht. Er ließ die Staffage, wie damals üblich, von einem erfahreneren Malerkollegen ausführen, der sie sehr genau, doch unpretentiös zusammenstellte. Hoch zu Pferde sind zur Falkenjagd Edelfrau und Edelmann herbeigeritten, begleitet von Jagdgehilfen und Hunden. Die traditionelle Falkenjagd, bei der der Greifvogel seine Beute durch einen Biss ins Genick tötete, war seit dem Mittelalter auch bei Frauen sehr beliebt.
Coninxloo rückt die schöne Falknerin dezent in den Blickpunkt der Jagdszene und lässt sie dabei nur ein Teil des Ganzen sein. Ihn interessierte offensichtlich nicht das große höfische Jagdereignis, sondern eher das selbstverständliche Miteinander von Mensch, Tier und Landschaft.

63 Jean Moyreau
Orléans 1690 - 1762 Paris
La Buvette des Dames, 1749
Radierung
46,0 x 58,0 cm (37,0 x 47,2 cm)
Bez. rechts unten: J. Moyreau sculpsit., links unten: P. Wouvermens Pinxit
Herkunft: Alter Bestand
Inv.Nr. 2311 Gr.
Literatur: Nagler 71

Der Pariser Graphiker Jean Moyreau arbeitete im Auftrag des französischen Königs und schuf in der Mitte des 18. Jahrhunderts einen großen Radierzyklus zur Jagd. Dabei handelte es sich nicht um freie Malerradierungen, sondern um Reproduktionsgraphiken, denen er sich mehr verpflichtet fühlte. Moyreau schätzte, wie seine Auftraggeber, das malerische Schaffen des Holländers Philips Wouwerman, und ihm eiferte er nach. Wouwermans

Jean Moyreau, La Buvette des Dames, Kat.Nr. 63

Jean Moyreau, Le Conseil des Chasseurs, Kat.Nr. 64

Spezialität waren vorwiegend Pferde und Jagdszenen, aber auch großformatige Landschaften und turbulente Reiterkämpfe. Seine zumeist vielfigurigen Gemälde zeigen genrehaft verschiedene Phasen der Jagd, und ein Großteil der Aufmerksamkeit gilt neben den Tieren und Pferdekörpern, dem eleganten Aufputz der vornehmen Damen und edlen Herren, den Mitgliedern der Jagdgesellschaft. Moyreau hat sich bei seinen Radierungen bis in das kleinste Detail hinein an Wouwermans Gemälden orientiert. Die erworbenen umfassenden graphischen Kenntnisse, ermöglichten ihm eine adäquate Umsetzung in das andere Medium. Moyreau verstand es, mit den graphischen Mitteln so geschickt umzugehen, dass adäquat zum Gemälde Milieu und Atmosphäre verlustlos eingefangen werden konnten.

64 Jean Moyreau
Le Conseil des Chasseurs 1751
Radierung
46,0 x 58,5 cm (37,5 x 47,0 cm)
Bez. rechts unten: J. Moyreau Sculpsit, links unten: P. Wouvermens Pinxit
Herkunft: Alter Bestand
Inv.Nr. 2312 Gr.
Literatur: Nagler 75

65 Franz Krüger
Groß-Badegast bei Köthen 1797 - 1857 Berlin
Halt auf der Hetze um 1825/26
Öl auf Leinwand
60,0 x 82,0 cm
Herkunft: Erworben 1934
Inv. Nr. G 672
Literatur: Boetticher 1895 Bd. I, S. 776, Cohn 1909, S. 95, Nr. 54, Weidmann 1927, S. 74, Abb. S. 73, Führer SMS 1980, Abb. S. 32, Kat. Tokio 1981, Abb. Nr. 41, Strutz 1984, Abb. 92, Kat. Berlin I, 1987, S. 268, Nr. F. 92
Ausstellungen: 1981 Tokio "Meisterwerke deutscher Kunst aus Museen der DDR", 1987 Staatliche Museen zu Berlin "Kunst in Berlin 1648-1987"

Zu Franz Krügers bevorzugten Bildgegenständen gehören Porträts, Pferde und Hunde. Er malte sie einzeln oder in genrehaft angereicherter Komposition wie bei dieser Hofjagdszene. Als das Gemälde entstand, war Krüger Akademiemitglied und Professor in Berlin, genoss Ansehen und erhielt große Aufträge, bereitete z. B. seine bekannten Paradebilder vor. Von adligen Freunden wurde er häufig zu Jagdpartien eingeladen, man schätzte seine Kunst und Geselligkeit. Krüger kannte keine Ressentiments, und wenn er die gemeinsamen Jagderlebnisse malerisch umsetzte, reihte er sich selbstbewusst unter die Herren von Adel ein. Bei der "Halt auf der Hetze", einer Hofjagd in Buckow, ist der Moment der Ruhe und Pause nach aufregendem Jagdausritt thematisiert. Breitbeinig und selbstbewusst steht im Zentrum des Bildes Major von Krutisch.[1] Er richtet, wie alle anderen Personen auch, den Blick auf den heranreitenden Grafen Lottum, der stolz mit hoch erhobenem Arm seine Jagdbeute präsentiert. Im Mittelgrund der Szene findet ein kleines Jagdpicknick statt. Franz Krüger kniet dabei neben dem Jagdgefährten und lässt sich gerade Wein einschenken. Rechts hinten sitzt mit schönem Windhund an seiner Seite der Amtsrat Meyer aus Königshorst, noch weiter rechts rasten die edlen Jagdpferde. Das Gemälde, stilistisch dem Biedermeier verpflichtet, ist 1826 vom Berliner Kunstverein zur Verlosung angekauft worden. Das Los fiel damals auf Herzog Karl von Mecklenburg.[2]

Franz Krüger, Halt auf der Hetze, Kat.Nr. 65

Conrad Freyberg, Skizze einer Hofjagd unter Kaiser Wilhelm I., Kat.Nr. 66

1 Krüger hat eigenhändig auf dem Originalbilderrahmen die Namen der wichtigsten Personen der Jagdszene notiert.

2 LHA Schwerin, Kabinett III, Karl von Mecklenburg war selbst leidenschaftlicher Jäger. 1827 hat er bei Großherzog Friedrich Franz I. um die Genehmigung zur Veranstaltung einer Hirsch- und Saujagd im Jagdrevier von Friedrichsmoor nachgesucht.

66 Conrad Freyberg
Stettin 1842 - 1915 Berlin
Skizze einer Hofjagd unter Kaiser Wilhelm I., 1879
Öl auf Leinwand
48,0 74,0 cm
Herkunft: Erworben im Dezember 1915 als Vermächtnis des Künstlers
Inv.Nr. G 1335
Literatur: Schlie 1882, II. Nachtrag, S. 74-75

Der königlich-preußische Hofmaler Conrad Freyberg genoss am mecklenburgischen Hof und nachhaltig bei Großherzog Friedrich Franz II. großes Ansehen, hatte er doch wiederholt von ihm und Friedrich Franz III. Porträts angefertigt, die zur höchsten Zufriedenheit ausgefallen waren. In einer großherzoglichen Verfügung von 1880 ist daher bestimmt: "soll ihm in Anerkennung seiner Kunst der Titel eines Großherzoglich mecklenburgischen Professors"[1] verliehen werden.
Dynastische Verbindungen zwischen dem mecklenburgischen Herzoghaus und dem deutschen Kaiser Wilhelm I. führten zu gegenseitigen Besuchen und zur Teilnah-

me an großen Jagden als besonderen gesellschaftlichen Ereignissen. Kaiser Wilhelm I. schätzte die Jagd wie sein mecklenburgischer Neffe.[2] Freyberg, gewissermaßen Teilnehmer und künstlerischer Chronist der weidmännischen Vergnügungen des Kaisers, schuf zwei Szenen von Hofjagdgesellschaften: 1879 im Grunewald und 1881 zu Letzlingen, die er beide als sein Vermächtnis für die Schweriner Kunstsammlungen vorsah.
Freyberg stellt das Ende einer kaiserlichen Wildschweinjagd im Grunewald dar. Der Keiler liegt dem Jagdherrn zu Füßen. Der Eindruck von der großen Zahl hochherrschaftlicher Jagdteilnehmer, die in eleganten roten Uniformröcken und schwarzen Schaftstiefeln die Szene bestimmen, teilt sich überzeugend mit. An der gleichfalls zahlenmäßig starken Gruppe der Jäger und Treiber mit der stattlichen Hundemeute, die für eine erfolgreiche Sauhatz nötig war, wird deutlich, dass ein so kostspieliges Aufgebot zu diesem Zeitpunkt lediglich nur noch das Privileg des Kaisers sein konnte.

1 LHA Schwerin, Kabinett III, 5.2.1./4922
2 Kaiser Wilhelm I. war ein Bruder der Großherzogin Alexandrine, der Mutter von Friedrich Franz II. von Mecklenburg-Schwerin

67 Conrad Freyberg
Skizze einer Hofjagd unter Kaiser Wilhelm I. 1881
Öl auf Leinwand
73,0 x 103,0 cm
Herkunft: Erworben im Dezember 1915 als Vermächtnis des Künstlers
Inv.Nr. G 1374
Literatur: unveröffentlicht

Von der Schönheit der Jagdbeute

Hela Baudis

Innerhalb der überaus reichen Schweriner Stilllebenkollektion[1] existiert eine beachtliche Zahl an Jagdbeutestücken. Sie deutet darauf hin, dass dieses Sujet, dieses spezielle "natur morte", hoch in der Gunst fürstlicher Sammler stand. Eigentlich ein Widerspruch in sich, behaupten die auffallend prächtigen Szenen mit totem Wild ihren Platz in den Galerien der mecklenburgischen Residenzen seit dem beginnenden 18. Jahrhundert. Als Meisterwerke namhafter niederländischer Künstler des 17. Jahrhunderts erworben, zeugen sie zusammen mit den großformatigen herrlichen Tierstücken Oudrys von der beeindruckenden Fähigkeit des Sammlers, den Blick auf qualitätvolle Gemälde zu richten. Gerade die jagdlichen Themen spiegeln dezidiert Interessenlagen und Sympathien des Fürsten wider. Jagdbeutestücke besaßen in mehrfacher Hinsicht für den Jagdherrn eine besondere Faszination. Auf angenehm unblutige Art[2] sah er sich konfrontiert mit dem oftmals so skrupellos erlegten Wild und erlebte visuell vermittelt über das Kunstwerk die eigentliche Schönheit der Tiere unter anderen Prämissen. Möglicherweise verschaffte der Anblick erlegter Hasen, Hühnervögel, Füchse oder Rehböcke sogar Beruhigung und innere Satisfaktion.

Die Künstler schufen bei genauer Wiedergabe der natürlichen Erscheinung überzeugende Bilder von getöteten Tieren. Sie signalisierten durch die Darbringung und Anordnung, die Einbindung in ein aristokratisches Ambiente, wie bei Jan Weenix zu sehen, eine nahezu idealisierte Situation und präsentierten sie betont ästhetisch.

Der Aspekt der Vergänglichkeit allen Lebens, im Zentrum der Stilllebenmalerei stehend, gerät auf Jagdstücken etwas in den Hintergrund. Dieser Tod der Tiere ist in den seltensten Fällen ein natürlicher, zumeist ein willkürlicher Opfertod, bedarf daher wohl auch der offensichtlichen Verklärungen. Auf dem seidig glänzenden Fell, dem weichen und pflaumigen Federkleid finden sich keine Zeichen von eingetrocknetem Blut, keine Verkrustungen von Schmutz, keine heraushängenden Eingeweide, und es sind weder Spuren der Verwesung noch offene Schusswunden zu erkennen. Die Jagdbeutestücke in ihrer Schönheit ignorieren die Todesqual des Wildes. Sie erscheinen makellos und edel vor dem Betrachter und suggerieren Normalität. In der Wahrnehmung avancieren sie zu einer Art "memento mori", zu intimen Stücken der Erinnerung, die das eigene Jagdverhalten, den Tötungsvorgang schön reden und damit dem Repräsentationsbedürfnis der Fürsten entgegenkommen.

Das Jagdstillleben, in der Regel mit außergewöhnlicher Akribie ausgeführt, fast in der Manier des Trompe-l'oeil, ist aus dem

William Gowe Ferguson, Jagdbeute, Kat.Nr. 71

Küchen- und Marktstück hervorgegangen. Es diente einerseits dem fürstlichen Wohlgefallen, andererseits wurde es als Lehrbeispiel für das Studium der Tierwelt genutzt. Und damit entsprach es einem wichtigen Grundanliegen dieses Genres, der Belehrung und dem Vergnügen zu dienen.

In der Mitte des 17. Jahrhunderts standen Jagdstillleben, die eine Erfindung der Niederländer sind, in ihrer Blütezeit. Sie gerieten besonders in Holland in das Zentrum des öffentlichen Interesses, das sich am Beginn des 18. Jahrhunderts auf die deutschen fürstlichen Sammler ausweitete.

Auch wenn stilllebenhafte Tierdetails schon bei Albrecht Dürer und Lucas Cranach d. Ä. (1472 - 1553) zu finden sind, entwickelte sich dieses Genre erst unter den holländischen und flämischen Malern zu einem selbständigen Metier, zur höfisch-kultivierten Trophäe, zur Kostbarkeit. An deutschen Höfen zahlte man dafür vergleichbar hohe Summen wie beim Kauf von wertvollen Parforcehunden oder edlen Pferderassen.

Herzog Christian Ludwig II. und Prinz Friedrich von Mecklenburg-Schwerin scheuten keine Reise, um direkt vor Ort, in den Zentren der Kunst: Amsterdam, Den Haag oder Antwerpen, in den Ateliers der Hauptmeister Werke zu erwerben. Gemälde von Jan Weenix (Kat.Nr. 73), von Willem van Aelst, dem perfekten Feinmaler, der als Vertreter des nobilitierten Jagdstückes großen Ruhm genoss (Kat.Nr. 70) oder Melchior Hondecoeter (Kat.Nr. 68) gelangten in die Galerie im Schloss zu Schwerin. Sie beweisen übereinstimmend die deutliche Üppigkeit der erbeuteten Stücke. Die Kontraste, zumeist virtuos gegeneinander ausgespielt, sind immer in ihrer Komposition vielgestaltig und rhythmisch gesetzt. Gerade so, als wären die toten Dinge in einen geheimnisvollen Dialog miteinander verstrickt. Unübersehbar preisen die Maler den ästhetischen Wert der Gegenstände und weisen auf die Vergänglichkeit alles Irdischen und jeder Kreatur hin. Die flämischen Meister setzen ihren leuchtenden Kolorismus der holländisch strengen, harmonisierenden Tonalität und Zurückhaltung entgegen.

Viele Maler arbeiteten an Bildwerken zur Ausstattung von exklusiven Jagdhäusern und Schlössern. Jan Weenix erhielt u. a. Aufträge außerhalb der eigenen Landesgrenzen und malte zwischen 1702 und 1712 an einer wandfüllenden Folge mit zwölf überformatigen Jagdstücken für das Jagdschloss Bensberg bei Köln.[3]

In Frankreich, wo das Jagdstillleben nicht so gefragt war wie in Deutschland, schuf Oudry mit riesigen Wandbildern in einer Länge von bis zu zehn Metern, auf denen die Jagden Ludwigs XV. in den Wäldern von Fontainebleau dargestellt waren, den Höhepunkt seiner unverwechselbaren Jagdmalerei.

Künstler wie Jan Fyt (1611-1661), Frans Snyders (1579-1657) und Peter Boel (1622-1674) aus Flandern waren spezialisiert auf Jagdstillleben mit reicher Beute und dem ganzen dazugehörigen Jagdequipment, wie Netzen, Fallen, Jagdlappen, Pulverflaschen, Hifthörnern, Jagdgewehren, Jagdtaschen, Jagdbestecken,

Melchior Hondecoeter, Jagdbeute mit Fasan, Feldhuhn, Jagdtasche und Pulverhorn, Kat.Nr. 68

Jan Weenix, Totes Wild, Kat.Nr. 73

Charles William Hamilton, Erlegter Fuchs, Kat.Nr. 74

Willem van Aelst, Jagdbeute, Kat.Nr. 70

Fangseilen, Käfigen. Bei den Flamen wird der einfachste Gegenstand zu etwas Rauschhaftem, Großen, geeignet für festliche Säle. Sie wussten den Jagdstolz ihrer Besteller zu befriedigen und steigerten ihre dekorativ-trophäenhaften Werke zu einer weiteren Sonderform des Stilllebens. Das übergroße Prunkstillleben entstand, in das sie neben toten auch lebende Tiere und eine Überfülle an Jagdutensilien einfügten und außerdem der menschlichen Figur in diesen Kompositionen einen Platz einräumten. Mit dem Ausklang des Jahrhunderts, zum Ende des Barock, ist das überladene Prunkstück einerseits begehrtes teures Kunstobjekt und andererseits bereits schon ein deutlicher Ausdruck des kulturellen Niedergangs der Niederlande.

1 Im SMS werden heute 101 Stillleben bewahrt, damit gehört die Sammlung innerhalb dieses Genres zu den größten in Deutschland.

2 Lediglich Rembrandts Stillleben "Zwei tote Rebhühner", um 1639, Riijksmuseum Amsterdam, weist eine unübersehbare Blutlache vor, wie sie sonst auf keinem der Schweriner Stillleben auch nur andeutungsweise zu finden ist.

3 Vgl. Heidelberg 1999, S. 158

68 Melchior de Hondecoeter Utrecht 1636 - 1695 Amsterdam, Jagdbeute mit Fasan, Feldhuhn, Jagdtasche und Pulverhorn

Öl auf Leinwand
70,5 x 86,5 cm
Bez. Mitte rechts: M d hondecoeter
Herkunft: Erworben zwischen 1725 und 1752
Inv.Nr. G 396
Literatur: Groth 1792, S. 39 J I 15, Lenthe 1821, S. 76, Schlie 1882, Nr. 506, Bode 1891, S. 86, Abb. S. 87, Wurzbach 1906, Bd. I, S. 705, Mansfeld 1951, Nr. 105 Abb., Th-B Bd. XVII, S. 433, Jürß 1982, Abb. 109, Strutz 1984, Abb. 56, Germa-Koeltzsch 1995, Bd. II, S. 502, Nr. 176/14 mit Abb., Voss 1993, Abb. S. 54, Niederländische Stilleben 1998, S. 50, Abb. S. 51

Hondecoeter präsentiert ein typisches Jagdtrophäenstück und bindet die dekorative Szene in eine Landschaft ein, die im Hintergrund einen Jäger mit aufgesetztem Gewehr zeigt. Das erlegte Wild im Vordergrund des Gemäldes ist geschickt zueinander geordnet. Vom Ast eines Baumes hängt ein kräftiges Rebhuhn herab, am Boden liegt ein stattlicher Fasan, ihm zur Seite ein Gimpelpaar. Jagdgerätschaften rahmen die toten Vögel ein. Nah- und Fernsichten, Drauf- und Untersichten, horizontale und diagonale Verflechtungen einzelner Bildobjekte lassen das Jagdstück spannungsvoll erscheinen. Die große grüne Jagdtasche kontrastiert mit dem rotbunten Gefieder des Fasans. Büchse, Pulverflasche, ein aufgerolltes Fangnetz im Hintergrund rechts und das Hifthorn, wie auch der Käfig für die Lockvögel, weisen auf notwendige Utensilien zur Niederjagd hin, die in vielen differenzierten Formen durchgeführt wurde.

Cornelius Lelienbergh, Jagdbeute, Kat.Nr. 69

69 Cornelis Lelienbergh
um 1620/26 Haag - um 1680 Haag
Jagdbeute
Öl auf Leinwand
53,5 x 43,5 cm
Herkunft: Alter Bestand
Inv.Nr. G 462
Literatur: Lenthe 1836, 239, Prosch VII, 66, Schlie 1882, Nr. 596, Bode 1891, S. 87, Mansfeld 1951, Nr. 152, Kat. SMS Holländische Malerei 1962, Nr. 196

70 Willem van Aelst
Delft 1626 - nach 1683 Amsterdam
Jagdbeute 1677
Öl auf Leinwand
72,2 x 58,5 cm
Bez. links unter der Tischplatte: Guill mo van Aelst.1677
Herkunft: Alter Bestand, erworben vor 1836
Inv.Nr. G 69
Literatur: Lenthe 1836, Nr. 285, Prosch V, 72, Schlie 1882, Nr. 6, Bode 1891, S. 88, Wurzbach 1906, Bd. I. S. 5, Mansfeld 1951, Nr. 6, Kat. SMS Holländische Malerei 1962, Nr. 5

71 William Gowe Ferguson
Schottland 1633 - 1695 Schottland
Jagdbeute
Öl auf Leinwand
69,0 x 80,0 cm
Bez. rechts am Stein: Ferguson
Herkunft: Erworben 1959
Inv.Nr. G 1565
Literat.: Kat. SMS Holländische Malerei 1962, Nr. 93

72 In der Art des Jan Fyt
Flämisch, 17. Jahrhundert
Totes Wild
Öl auf Leinwand
85,0 x 146,0 cm
Herkunft: Erworben 1952
Inv.Nr. G 878
Literatur: unveröffentlicht

Jan Fyt gilt als der eigentliche Schöpfer des flämischen Jagdstilllebens. Seine wegweisende Leistung lag im Herauslösen der Jagdgegenstände aus dem Interieur. Er stellte das "stille Leben" der erbeuteten Kreatur vor einem landschaftlichen Hintergrund dar. Diese Art die Dinge zu sehen, begeisterte die Liebhaber von Jagdstücken und führte zu großer Nachfrage. Fyt gehörte zu den Spezialisten dieses Genres und galt als herausragende Künstlerpersönlichkeit, an der sich viele malende Zeitgenossen orientierten. Zwei im Schweriner Gemäldebestand ursprünglich Jan Fyt zugeschriebene Jagdstillleben, sind unterdessen als von anderer, unbekannter Hand gefertigt eingeschätzt worden. Noch zu Lebzeiten Fyts traten gute Nachahmer seiner Kunst auf den Plan, und manches Stück ist ganz in seiner Art gemalt worden. Wie für Fyt typisch, sind hier ebenfalls tote und lebendige Tiere im Nebeneinander gegeben. Außerdem zeigt sich überzeugend, als spezielle Eigenschaft des flämischen Stilllebens, der Wille nach starker räumlicher Bewegung, nach stofflicher Brillanz bei Fellen, Pelzen, Federn und die Fähigkeit zu faszinierend reichem Kolorit.

In der Art des Jan Fyt, Totes Wild, Kat.Nr. 72

73 Jan Weenix
Amsterdam 1640/42 - 1719
Amsterdam
Totes Wild, 1687
Öl auf Leinwand
136,0 x 158,0 cm
Bez. rechts unten: J. Weenix f 1687
Herkunft: Alter Bestand, erworben zwischen 1725 und 1792
Inv.Nr. G 877
Literatur: Groth 1792, S. 85, Nr. 52, Lenthe 1836, Nr. 206, Schlie 1882, S. 86, Mansfeld 1951, Nr. 269, Kat. SMS Holländische Maler 1962, Nr. 364, Jürß 1982, Abb. 373, Germa-Koeltsch 1995, Bd. III, S. 1090, Nr. 429/7 mit Abb., Niederländische Stilleben 1998, S. 64, Abb. S.65

Jan Weenix setzt zum Ende des 17. Jahrhunderts seine Jagdstillleben sehr bewusst in ein vornehmes Ambiente. Er bevorzugt die Szenerie französischer und italienischer Gartenanlagen mit antiken Statuen, gigantischen Amphoren oder Vasen. Vor diesem Hintergrund arrangiert er seine Jagdbeutestücke und kombiniert sie mit Früchtestillleben und lebendigen Tieren, wie dem von links hereindrängenden Hund und dem wachen Spitzohräffchen rechts bei den Pfirsichen und Weintrauben sitzend.

Das volle Licht der Szene ist dabei auf das Fell des mit ausgebreiteten Hinterläufen daliegenden erlegten Hasen gerichtet. Er bildet den Blickfang, ist fraglos die wichtigste Beute des Tages und der Stolz des unsichtbar gebliebenen Jägers. Weenix knüpft bei akribischer Wiedergabe von Tierkörpern, Blumen und Früchten ganz an die traditionelle Stilllebenmalerei an und weist andererseits, durch das Nebeneinander von totem und lebendem Getier bei betont elegantem Bildaufbau, stilistisch bereits auf das 18. Jahrhundert hin.

74 Charles William de Hamilton
Brüssel 1688 - 1754 Augsburg
Erlegter Fuchs, 1751
Öl auf Leinwand
124,0 x 86,0 cm
Bez. links unten: C.W. De Hamidon 1751
Herkunft: Alter Bestand
Inv.Nr. G 2897
Literatur: Groth 1792, S. 6, Nr. 5, Lenthe 1836, Nr. 521, Schlie 1882, Nr. 451, Kat. 1000 Jahre 1995, Nr. 6.62

Über Charles William de Hamilton gibt es kaum Nachrichten, doch das Schweriner Gemälde weist ihn als einen hervorragenden Maler des 18. Jahrhunderts aus, der vielfach die niedere Jagd thematisierte. Am Hinterlauf aufgehängt ist ein prächtiger Fuchs zu sehen, dahinter eine seltene Wildente, ein Erpel und verschiedene Vögel liegen am Boden. Die Komposition ist vertikal angelegt und erhält ihre Spannung durch den zweiten angewinkelten Hinterlauf, die gespreizten Vorderläufe und die lange kräftige Rute unmittelbar neben dem Kopf des Fuches. Mit offensichtlicher Freude über die Schönheit des von weiß bis rotbraun reichenden Fuchsfells und das kräftige Rot im Gefieder der Vögel arbeitete Hamilton sehr präzise und verlieh den nuancierten Farbtönen schimmernden Glanz. Hamiltons Werk steht ganz in der Tradition niederländischer Meister der ersten Hälfte des 17. Jahrhunderts. So verwundert der Erwerb des Bildes zur Zeit der Regentschaft von Herzog Christian Ludwig II. von Mecklenburg nicht, sondern spiegelt erneut sein ungemindertes Interesse am Sujet der Jagd wider.

Dietrich Findorff, Weißer Hase, Kat.Nr. 75

75 Dietrich Findorff
1722 Lauenburg - 1778 Ludwigslust,
Jagdbeute 1753
Öl auf Leinwand
77,6 x 60,0 cm
Bez. links oben: Findorff. 1753
Herkunft: Alter Bestand
Inv.Nr. G 1278
Literatur: Schlie 1882, Nr. 382, Mansfeld 1954, Nr. 113

Dietrich Findorff, der Ludwigsluster Hofmaler, hatte seine künstlerische Ausbildung auf Veranlassung des Herzogs Christian Ludwig II. in Dresden erhalten. Bereits dort beschäftigte er sich eifrig mit dem Kopieren und setzte diese Übungen nach seiner Rückkehr in der Schweriner Gemäldegalerie fort. Die Werke niederländischer Meister des 17. Jahrhunderts und namentlich die Stillleben und Tierstücke interessierten ihn. Neben den vielen überlieferten Kopien gibt es eigen-

ständige Werke, die jedoch eine große Nähe zu den geschätzten Vorbildern in Komposition und Farbgestalt erkennen lassen. Herzog Christian Ludwig II. beauftragte Findorff wiederholt mit Jagdbeutestücken, um die Erinnerung an die eigenen Jagderfolge im Bild festgehalten zu finden. Sehr gelungen ist ihm der große Hase mit dem weißen, weichen, glänzenden Fell, eine besondere Jagdrarität.
Der Berliner Galeriedirektor Wilhelm Bode beurteilte Findorffs Leistungen in der Malerei von Federvieh und Tierstücken als besonders gute Nachahmung.[1]

1 Vgl. Bode 1881, S. 21

76 Dietrich Findorff
Jagdbeute
Öl auf Leinwand
55,5 x 42,0 cm
Herkunft: Alter Bestand
Inv.Nr. G 1075
Literatur: Lenthe 1836, Nr. 652, Schlie 1882, Nr. 280, Mansfeld 1954, Nr. 126

Dietrich Findorff, Jagdbeute, Kat.Nr. 76

Von der Jägerey auf der Tafel

Karin Annette Möller

Teile aus einem Teeservice, Meissen, Kat.Nr. 84

Nicht allein die Jagdutensilien selbst, insbesondere Pulverflaschen und Waffen aller Art, erfuhren eine reiche Auszier mit Darstellungen, die oftmals ihren Gebrauch zum Thema haben. Die Jagd als ein zentrales und immer wiederkehrendes Ereignis im höfischen Leben des Barock fand ihren Niederschlag in vielfältigster Form und in allen Bereichen der angewandten Künste: In der Bildweberei, der Keramik, Gold- und Silberschmiedekunst, bei Elfenbeinschnitzereien, ebenso bei der Gestaltung von Möbeln, Uhren, Fächern, Dosen und Schachteln oder Schmuck.[1] Jagdliches erschien auf Kunstwerken, die der repräsentativen Ausstattung der Schlösser dienten, den stillen Dialog in der Kunstkammer erlaubten oder als Willkomm unmittelbar in weidmännische Bräuche einbezogen waren. Allein die Anzahl erhaltener Objekte mag mitunter verwundern und hinter den Erwartungen zurückbleiben.

Bei näherer Betrachtung offenbaren sich zwei Facetten der Entscheidung für jagdliche Darstellungen: Einem allgemeinen Repräsentationsbedürfnis, das hier nur ein Thema unter vielen, begehrten aufgriff, stehen innere Beziehungen zwischen der Funktion dieser kunstfertigen

Gegenstände und der Jagd selbst gegenüber, die sie in einen Kontext stellen, der mitunter als Fortsetzung des Jagens angesehen werden kann.

Die Jagd, die ursprünglich ein grundlegendes menschliches Bedürfnis bediente, ist von jeher eng mit dem Essen, dem Mahl, verbunden, das sich im Barock zu einem üppigen Prunkmahl ausweitete. Oftmals gehörten fürstliches Weidwerk wie auch Festbankett, zusammen mit Vergnügungen, die alle Sinne erfassten, wie Tanz, Theater und Feuerwerk, zu einem vielteiligen Festszenarium, das aus Anlässen wie Vermählungen, Taufen, Friedensschlüssen, Krönungen, Huldigungen, Bündnisbesiegelungen oder "wegen eines hohen Printzen Geburts-Tage / Beylager / Alliance, erhaltene Siege / Nahmens-Tage / oder andere Freuden-Fälle" ersonnen wurde.[2] Jagd und Bufett bildeten zwei eng miteinander verwobene, inszenatorisch gefeierte Höhepunkte, die Glanz und Würde wie auch Macht demonstrierten. Bevor die Barockschlösser mit ihren großen Sälen aufwarteten, fanden viele Feste in freier Natur statt, die sich als "Oase ewigen Frühlings, ... in die eine den Zwängen höfischen Zeremoniells überdrüssig gewordene Gesellschaft zu entfliehen suchte" auf der Tafel wieder fand und zum Lustwandeln einlud.[3] Bei einer Fürstenhochzeit 1585 in Düsseldorf bot die prachtvolle, gleichfalls der Natur huldigende Tafeldekoration eines Gartens aus Zuckerwerk einen beeindruckenden Augenschmaus. Neben Bäumen, Felsen, Gewässern, Häusern und Schlössern enthielt sie "Gehöltz / darinn Löwen / Elephanten / Camelen / Hirschen / Beeren / Wölffe / Haasen vnd allerhandt Wildt / Jagt und Weidewerck zuersehen", sowie verschiedene Vögel.[4]

Veränderungen der Essgewohnheiten zogen im ausgehenden 17. Jahrhundert die Herausbildung von Tafelservicen nach sich, eine Entwicklung, die mit einer zunehmenden Differenzierung des erforderlichen Geräts einherging und neue Gefäßtypen, wie die Deckelterrine, hervorbrachte. Bereits bei Silberservicen wurde durch Form- und Dekorangleichungen ein geschlossenes Erscheinungsbild angestrebt. Die Erfindung des europäischen Hartporzellans mit der Gründung der ersten Manufaktur 1710 in Dresden bot nun wesentlich günstigere Voraussetzungen für aufeinander abgestimmte Ensembles, die durch ihre Farbenpracht wie auch ihr unerschöpfliches Formpotential dem gesteigerten Bedürfnis nach Repräsentation Rechnung zu tragen vermochten.

Viele der frühen Meissener Dekore orientierten sich an den ostasiatischen Vorbildern, wenngleich schon vor 1725, sowohl in Meissen selbst als auch durch die auswärtigen Hausmaler, europäische Themen Einzug hielten. Darunter begegnen bereits die ersten Jagddarstellungen auf Porzellan, die entweder Facetten des Weidwerks selbst zeigen (Abb. S. 88) oder durch mythologische Szenen darauf verweisen (Kat.Nr. 105).[5] Die Fertigung von Tafelservicen, die besonders geeignet erscheinen, um im Rahmen eines Festmahls den erfolgreichen Abschluss einer Jagd zu feiern, setzte in Meissen erst zu Beginn der

Unterschale aus einem Kaffee-, Tee- und Schokoladenservice, Meissen, um 1730 Bemalung von Sabina Aufenwerth in Augsburg, zu Kat.Nr. 105

dreißiger Jahre ein. Folglich finden sich die ersten Jagddekore auf Kaffee- und Teeservicen.

Doch auch nachdem die europäischen Motive die fernöstlichen weitgehend ersetzt hatten, wurden weiterhin diese für die neuen Heißgetränke bestimmten Ensembles mit jagdlichen Motiven bemalt (Kat.Nrn. 84/85). Folge dieses Dekorwandels und Grundlage seiner konsequenten Fortsetzung bildete der systematische Erwerb einer Vielzahl von zeitgenössischen Stichen. 19 Blätter von Johann Elias Ridinger (1698-1767), dessen Tier- und Jagddarstellungen auch an anderen Porzellan- und Fayencemanufakturen zum obligatorischen Vorlagenrepertoire avancieren sollten, wurden 1742 für Meissen gekauft.[6] Zitate aus den Stichen Ridingers, so aus seiner 1736 erschienenen Folge "Betrachtung der wilden Tiere", sind auf beiden Schweriner Jagdservicen wie auch weiteren Ensembles aus dieser Zeit nachzuweisen.[7] Die häufige Reduktion der Vorlage resultierte aus der erforderlichen Anpassung an das jeweilige Formstück, wobei die Maler die Wirkung des nun strahlend weißen Scherbens einzubeziehen wussten. Das Schweriner Service mit Jagdtieren in Purpurmalerei, das keinem einheitlichen Formkonzept unterliegt, führt überdies vor Augen, wie über einen gleichartigen Dekor der Eindruck eines zusammengehörigen Ensembles herbeigeführt wurde. Selbst wenn sich der Anlass eines fürstlichen Jagdessens nicht auf dem Tafelservice als Dekor widerspiegelte, sondern sich dort beispielsweise eine Blumenmalerei zeigte, blieb das Thema durch plastisch verzierte Leuchter oder Aufsätze für Gewürze, Früchte oder Konfekt auf der Tafel präsent. Lange Zeit waren Silbergeräte zusammen mit Porzellanen in Gebrauch.

Parallel zu den aufwendig und kunstvoll aus realen Tieren gefertigten und um diese Zeit "nur bloß ... zur Zierrath und Augen-Weide" bestimmten Schauessen wurden Schaugerichte aus Porzellan oder Fayence beliebt.[8] Naturalistische Nachbildungen von Truthähnen, Fasanen, Wildschweinköpfen, Enten (Kat.Nr. 86) oder Rebhühnern (Kat.Nr. 79) erschienen nun in Form von Terrinen auf der Tafel. Verwendet wurden sie als Dosen für Butter oder Pasteten, deren Gestalt zugleich ihren Inhalt offenbarte.[9]

Teile aus einem Service, Meissen, Kat.Nr. 85

Nicht allein der gezielte und ambitionierte Ankauf zahlreicher Porzellane, sondern auch die Gründung von mehreren Fayencemanufakturen in Mecklenburg kurz nach der Mitte des 18. Jahrhunderts belegen das nachhaltige Interesse des Schweriner Hofes an den neuartigen Erzeugnissen. Die ersten beiden Gründungen 1753 in Groß Stieten und Schwerin, sowie 1759 in Dargun erhielten Unterstützung und Privilegien seitens der Herzöge Christian Ludwig II. bzw. seines Sohnes Friedrich, denen solche Unternehmen unter merkantilen Gesichtspunkten lukrativ erscheinen mussten. Während sich aus Groß Stieten eine Butterdose in Entengestalt erhalten hat (Kat.Nr. 86), künden schriftliche Quellen auch in Dargun von Stücken, die unter jagdlichem Aspekt interessieren, so "1 Fügur Butter-Dose mit einem Jagdhund".[10]

Ebenso ließen sich auf Gläsern, die zur Ergänzung der Service auf der Tafel erschienen, geschnittene Jagdszenen unterbringen. Daneben verdankte manches Einzelstück aus Porzellan oder Glas – analog einer Tradition beim Silbergerät – einem konkreten, spektakulären Jagdereignis seine Entstehung. So schildert der berühmte Meissener Porzellanpokal für den Kölner Kurfürsten Clemens August von Kaendler und Ehder das Ende einer Parforcejagd auf einen Hirsch am 27. 10. 1739 auf einem Schafstall.[11]

Beim Dessert, dem krönenden Höhepunkt eines Prunkessens, kamen schließlich eine Vielzahl farbig staffierter Porzellanfiguren zum Einsatz. Sinnreich und farbenprächtig setzten sie das Motto eines Mahles in Szene. So veranschaulichen Wälder, Hirsche und ein Jäger auf einem Berg die Sinnsprüche "Teutschland hat nach lan-

Dose, Meissen, Kat.Nr. 79

gem Jagen / Fried und Ruhm davongetragen" bzw. "Wir wollen nun zum Jagen im Frieden Waffen tragen."[12] Beziehungsreich auf der Tafel arrangiert, gaben sie ausdrücklich vielfältige Anlässe für gelehrte Gespräche. Ein Haushaltslexikon von 1773 informiert: "An großen Ceremonien-Tafeln verbindet man mit dem Dessert öfters viele Sinnbilder und figürliche Vorstellungen, zu deren gehörigen Anordnungen aber viel Wissenschaft aus der Historie, Poesie und Fabellehre, ingleichen aus der Architektur und Perspektive gehöret. Die leichtesten Vorstellungen bey großen Desserts sind die Lustgärten mit Spaziergängen, Gebäuden, Springbrunnen, Parterren und Statuen, zu welchen letztern die Porcellain-Fabriken in Meissen, Berlin, Wien etc. die schönsten und zierlichsten Figuren von allen nur erdenklichen Arten und Stellungen zubereiten, und den Conditorn dadurch viel Arbeit ersparen, weil diese vormals dergl. Figuren und Statuen von Tragant-Teige oder Caramel-Zucker mühsam und mit viel Kosten verfertigen mussten."[13] Herzog Christian Ludwig II. von Mecklenburg-Schwerin allerdings - und das wird kein Einzelfall gewesen sein - dachte nicht daran, diese Kostbarkeiten in die Hände des Konditors zu geben, um sie unter den Küchenutensilien verschwinden zu lassen und ihnen nur seltene Auftritte auf der Tafel zu gewähren. Auf vergoldeten Konsolen an den Wänden, auf Kaminen und Tischen in den herzoglichen Kabinetten standen sie ihm ständig vor Augen und waren dazu angetan, ihn mit fürstlichem Glanz zu umgeben.

Zunächst in Meissen, später auch an anderen Manufakturen, gehörten neben allerlei exotischen auch die seinerzeit jagd-

Erlegter Hirsch, Meissen, Kat.Nr. 81

baren Tiere wie Hirsche, Wildschweine, Elstern, Fasane, Rebhühner, oder Jagdtiere wie Hunde oder der Sperber als Beizvogel zum gängigen Figurenrepertoire. Hinzu kamen Einzelfiguren und Gruppen von Jägern, Jagdszenen wie auch thematisch verwandte mythologische und allegorische Darstellungen. Die lebensnah wirkenden Tiermodelle des Meissener Modellmeisters Johann Joachim Kaendler verraten eingehende Beobachtungen in der Moritzburger Menagerie und scheinen weniger unter dem Aspekt ihrer Rolle als jagdbares Wild wiedergegeben zu sein. Vielmehr lassen sie Kaendlers Interesse an ihren artspezifischen Eigen- und Besonderheiten erkennen.

Und selbst da, wo Kaendler ein jagdliches Thema aufgreift, teilt sich nicht allein die Verherrlichung einer fürstlichen Passion mit. So scheint seine Darstellung eines erlegten Hirsches (Kat.Nr. 81) auch die entgegengesetzte Perspektive, die der geschundenen Kreatur, zu enthalten, die an das eine Epoche später entstandene "Schreiben eines parforcegejagten Hirschen an den Fürsten, der ihn parforcegejagt hatte ..." von Matthias Claudius (1740-1815) erinnert: "Durchlauchtigster Fürst, Gnädigster Fürst und Herr! Ich habe heute die Gnade gehabt, von Ew. Hochfürstlichen Durchlaucht parforcegejagt zu werden; bitte aber unterthänigst, dass Sie gnädigst geruhen, mich künftig damit zu verschonen. Ew. Hochfürstliche Durchlaucht sollten nur einmal parforcegejagt sein, so würden Sie meine Bitte nicht unbillig finden. Ich liege hier und mag meinen Kopf nicht aufheben, und das Blut läuft mir aus Maul und Nüstern. Wie können Ihre Durchlaucht es doch übers Herz bringen, ein armes unschuldiges Tier,

Pokal, Böhmen, Kat.Nr. 88

das sich von Gras und Kräutern nährt, zu Tode zu jagen? Lassen Sie mich lieber totschießen, so bin ich kurz und gut davon. ..."[14]

In Abhängigkeit vom Jagdeifer des jeweiligen Souveräns wurden in den meist fürstlichen Porzellanmanufakturen um die Mitte des 18. Jahrhunderts jagdliche

Sujets in ganz unterschiedlicher Anzahl aufgegriffen. Hackenbroch beobachtete, dass Kaendler wegen des nachlassenden Interesses von Friedrich Augusts II. an der Jagd nach 1743 keine derartigen Figuren oder Gruppen mehr gearbeitet habe, wohingegen andere Manufakturen sich noch Jahrzehnte später ausgiebig diesem Thema widmeten.[15]

Eine Ludwigsburger Gruppe von Johann Christoph Haselmeyer (tätig ca. 1760-1804) führt das Thema der Jagd zwei Jahrzehnte später in veränderter, zeitgemäßer Form, im Gewand einer pastoralen Szene, vor.[16] Nach der erfolgreichen Jagd auf ein Reh hat der Jäger seine Flinte abgestellt und genießt unter einem knorrigen Baum das Schäferstündchen mit seiner Liebsten. Mit dem Aufkommen des Klassizismus und der Wiederentdeckung der Antike, hielt die Welt der Mythologie auch auf der Tafel Einzug, darunter Götterfiguren und Nymphen, die jagdliche Bezüge aufweisen.[17] Ihrer gesellschaftlichen Grundlagen entzogen, büßte die Jagd in den letzten Jahrzehnten des 18. Jahrhunderts ihren Stellenwert ein und trat als künstlerisches Thema zugunsten anderer Sujets nach und nach in den Hintergrund.

1 Vgl. u. a. Meinz 1965, Meinz/Strauss 1976, Meinz 1991, Theuerkauff 1967, Theuerkauff-Liederwald 1968, Scholz 1970, Seelig 1991, vgl. auch drei silberne Trinkgefäße in Tiergestalt mit abnehmbarem Kopf im SMS, Inv.Nrn. KH 929-931 oder das Kunstkammerstück eines springenden Hirsches, Inv.Nr. KH 1931

2 Aus P. J. Marperger, Vollständiges Küch- und Keller-Dictionarium, Hamburg 1716, zitiert nach Bursche 1974, S. 122

3 Zitiert nach Bursche 1974, S. 11

4 Zitiert nach Bursche 1993, S. 21/22, vgl. auch im Folgenden Bursche 1974

5 Pazaurek 1925, Bd. 1, S. 181-184 zu drei Jagdservicen von I. Bottengruber in Breslau, sowie Abb. 148/149, Pazaurek 1929, S. 9, Abb. 1, Führer Dresden 1998, S. 149 Teekanne und Kumme mit Jagdszenen von J. G. Höroldt, 1722, Bursche 1980, Kat.Nrn. 127-135 Teile aus einem Teeservice mit Jagdszenen nach Ridinger-Stichen, radierter Golddekor in der Art der Seuterwerkstatt in Augsburg, Dekor um 1730-35, mit zahlreichen Vergleichsbeispielen, zahlreiche Beispiele bei Ducret 1972, insbesondere Tff. XV/XVI und Abb. 235, 268ff., vgl. ferner hier Kat.Nr. 105

6 Cassidy-Geiger 1996, S. 111, Ridinger-Stiche sind bspw. in Berlin und Fürstenberg belegt.

7 Vgl. bspw. die Bestellung für den Herzog von Northumberland, bei der es sich um ein 1745 gefertigtes Speiseservice handelt, Cassidy-Geiger 1996, S. 111 und Abb. 46 auf S. 113 oder auch das Gelbe Jagdservice für Schloss Hubertusburg von 1732

8 Aus Amaranthes Nutzbares, galantes und curiöses Frauenzimmer-Lexicon, Leipzig 1739 (2. Aufl.), zitiert nach Bursche 1974, S. 127

9 Vgl. bspw. Albiker 1959, Nrn. 148, 152, 227, 232, 227, Jedding 1979, Abb. 70; Auch aus zahlreichen Fayencemanufakturen gingen solche Gefäße hervor, insbesondere aus der in Straßburg und Höchst, vgl. Meinz 1976, S. 26-30 und Tafeln 46-53

10 Stieda 1902, Stoehr 1920, S. 524-533, Eine vierte Fayencemanufaktur in Mecklenburg bestand in Stralsund.

11 Vgl. Meinz 1965, Seelig 1991, Theuerkauff-Liederwald 1968, Wagner 1976, Hackenbroch 1976, dies. 1980, Westhoff-Krummacher 1982

12 Aus Georg Philipp Harsdörfer, Vollständig vermehrtes Trincir-Buch, Nürnberg 1665, zitiert nach Bursche 1974, S. 88

13 Amaranthes 1773 (3. Aufl.) wie Anm. 8, zitiert nach Bursche 1974, S. 129 bzw. Bursche 1980, S. 13

14 Zitiert nach Helbing 1993, S. 58

15 Hackenbroch 1980, S. 116

16 SMS, Inv.Nr. KG 2908

17 Vgl. ferner hier den Beitrag zu Allegorie und Mythologie

77 Fasanenhenne
Modell von Johann Joachim Kaendler (Fischbach 1706 - 1775 Meißen), 1735, Meissen, 1735-40
Porzellan, staffiert
H. 18,5cm
Inv.Nr. KG 963
Literatur: Celle 1946, S. 12, wohl Kat.Nr. 106, Celle 1957, Raum I, Schrank 10, Albiker 1959, Nr. 127 mit Abb.
Ausstellungen: 1946/47 Schloss Celle "Europäisches Porzellan des 18. Jahrhunderts", wohl 1957 Schloss Celle "Porzellan als Kulturspiegel", 1963-1996 ständige Porzellanausstellung SMS, seit Dezember 1997 Schloss Schwerin

78 Fasanenhenne mit Küken
Modell von Carl Christoph Punct (gest. 1765 in Meißen), 1764
Meissen, um 1765
Porzellan, staffiert
H. 15 cm
Bez. unter der Standfläche mit Schwertermarke in Unterglasurblau
Inv.Nr. KG 964
Literatur: Albiker 1959, Nr. 127 mit Abb.
Ausstellungen: 1963-1996 ständige Porzellanausstellung SMS

Die den Tieren der Hohen Jagd zugerechneten Fasane wurden vielerorts in Fasanerien gehegt, um sie für die Jagd bereitzustellen.

79 Dose in Gestalt eines Rebhuhns im Nest,
Modell von Johann Joachim Kaendler, 1741,
Meissen, um 1745
Porzellan, staffiert
H. 10 cm
Inv.Nr. KG 969
Literatur: Celle 1957, Raum I, Schrank 10, Albiker 1959, Nr. 149 mit Abb.

Bereits im Inventar des Schweriner Schlosses aus dem Jahr 1752 sind im Eckzimmer: "Zwey Butter-Dosen en form eines Repp-Huhnes" und im Jahre 1808 gar "vier kleine Butterdosen, Feldhühner darstellend" verzeichnet.[1] Da die Bezeichnungen Reb- und Feldhuhn auch synonym gebraucht werden, ist anzunehmen, dass sich das noch vorhandene Exemplar darunter befindet, wie auch ein zweites ähnliches Meissener Stück, das zu den Auslagerungsverlusten des Zweiten Weltkrieges gehört.[2] Wenngleich diese Dosen somit bereits wenige Jahre nach ihrer Entstehung in Schwerin anzutreffen sind, lässt ihre erste überlieferte Präsentation mit zwei Vasen auf dem Kamin und später auf einem Tisch mit anderen Porzellanen vermuten, dass sie offenbar vorrangig der Zurschaustellung dienten und selten oder gar nicht in ihrer eigentlichen Funktion als Butterdosen verwendet wurden. Die Jagd auf Rebhühner erfolgte durch die einfache oder "deutsche Beize", die sich auf Federwild im niederen Flug erstreckte. Hierfür kamen vielfach Habicht, der deshalb "Küchenvogel" genannt wurde, oder Sperber als Beizvögel zum Einsatz.[3]

1 LHA, Schwerin, Hofmarschallamt, Schwerin 1737-1752, Akte 1849, [S. 24], LHA, Kabinett III, Gemäldegalerie zu Schwerin "Inventarium der Bildergallerie und Kunstkammer zu Schwerin ... aufgenommen von den Herrn Oberschenck, Freiherrn von Forstner, und dem Aufseher Thiel, den 7ten März ... 1808", S. 33, Nrn. 9-12
2 Inv.Nr. KG 970
3 Haseder 1999, S. 85ff. und S. 230ff. und Schwenk 1991, S. 44

Windhund, Meissen, Kat.Nr. 80

80 Zwei Windhunde
Modelle von Johann Joachim Kaendler,
Meissen, um 1750
Porzellan, staffiert
H. 16 cm bzw. 16,2 cm
Bez. am hinteren Sockelrand mit Schwertermarke in Unterglasurblau
Herkunft: Ankauf 1891 Sammlung David Thormann, Wismar
Inv.Nrn. KG 2106/07
Literatur: Albiker 1959, Nrn. 190/191 mit Abb.
Ausstellungen: vermutlich 1891 im sog. Thormann-Saal im Großherzoglichen Museum Schwerin, von 1921 bis ca. 1943 im Schlossmuseum Schwerin, 1963-1996 ständige Porzellanausstellung SMS (KG 2106), seit Dezember 1997 Schloss Schwerin (KG 2106)

Aufeinander bezogene Pendantfiguren waren sehr beliebt, da sie Beziehungen zwischen Statuetten evident werden lassen. Ob die im Schweriner Schlossinventar von 1752 auf einer vergoldeten Konsole erwähnten "Zwey Hunde" als die beiden sparsam staffierten Windhunde zu identifizieren sind, bleibt fraglich, wohingegen eine Gleichsetzung mit den zwei "Jagdhunde(n) von Porzellän", die 1808 überliefert sind, größere Wahrscheinlichkeit besitzt.[1] Über Jahrhunderte gehörten die eleganten Windhunde zu den Jagdhunden.[2] Wegen ihrer großen Schnelligkeit auf kurzen Strecken wurden sie zur Hetzjagd (Windhetze) auf Hasen und Füchse verwendet. Über die kleineren Windspiele berichtet S. Gesner überdies: "Diese Gattung wird in dem Jagen zu den Hirschen, Hasen und Gemsen gebraucht."[3]

1 LHA, Schwerin, Hofmarschallamt, Schwerin 1737-1752, Akte 1849, [S. 83], LHA, Kabinett III, Gemäldegalerie zu Schwerin "Inventarium der Bildergallerie und Kunstkammer zu Schwerin ... aufgenommen von den Herrn Oberschenck, Freiherrn von Forstner, und dem Aufseher Thiel, den 7ten März ... 1808", S. 35, Nrn. 29/30
2 Haseder 1999, vgl. Abb. S. 939
3 Gesner 1669, S. 219

81 Erlegter Hirsch
Modell von Johann Joachim Kaendler,
Meissen, um 1747
Porzellan, staffiert
H. 9,6 cm, B. 26 cm
Herkunft: Alter Bestand
Inv.Nr. KG 4218
Literatur: Celle 1957, Raum 1, Schrank 3, Albiker 1959, Nr. 197 mit Abb., Röntgen 1984, S. 123, Abb. 272, Kat. SMS Porzellan 1968, (Abb.), Führer SMS 1980, Abb. S. 62
Ausstellungen: 1957 Schloss Celle "Porzellan als Kulturspiegel", 1963-1996 ständige Porzellanausstellung SMS, seit Dezember 1997 Schloss Schwerin

Lässt die Notiz "Ein liegender Hirsch" aus dem Jahr 1752 keineswegs eine Jagdbeute vermuten, klingt die Beschreibung "Ein liegender, ausgeweideter Hirsch, von Porzellan" im Inventar von 1808 etwas drastisch.[1] Und dennoch scheint es sich beide Male um diese seltene Arbeit Kaendlers zu

handeln, über deren Modellfertigung er im August 1747 berichtet: "Hirsch, welcher von dem Jäger durch einen Schuss erleget worden, poussirt, wie er auf Erden tot lieget".[2] Für den Kölner Kurfürsten und leidenschaftlichen Jäger Clemens August (1700-1761) modellierte Kaendler zusammen mit J. G. Ehder zwei Jahre zuvor einen Jagdpokal, an dessen Fuß ebenfalls "ein niedergejagter Hirsch liegt".[3] Bereits 1736 entstanden die Gegenstücke eines ruhenden Hirsches und einer Hirschkuh ohne Plinthen von seiner Hand.[4]
Hirsche zählten zu den begehrtesten Jagdtieren der Hohen Jagd und waren oftmals Ziel der vornehmsten Jagdart, der sich in Deutschland ab etwa 1680 etablierenden Parforcejagd, bei der stets nur ein Stück Wild über lange Zeit gehetzt und schließlich zur Strecke gebracht wurde.

1 LHA, Schwerin, Hofmarschallamt, Schwerin 1737-1752, Akte 1849, [S. 83], LHA, Kabinett III, Gemäldegalerie zu Schwerin "Inventarium der Bildergallerie und Kunstkammer zu Schwerin ... aufgenommen von den Herrn Oberschenck, Freiherrn von Forstner, und dem Aufseher Thiel, den 7ten März ... 1808", S. 33, Nr.15
2 Pfeiffer 1924, 8 . 1747, Bl. 275, Formverzeichnis der Manufaktur, Nr. 879
3 Zitiert nach Hackenbroch 1980, S. 112
4 Butler 1977, Kat.Nrn. 337/338, Rückert 1966, Kat.Nrn. 1150/1151

82 Falkner
Modell von Johann Friedrich Eberlein (Dresden 1695 - 1749 Meißen), 1744, Meissen, um 1745

Porzellan, staffiert
H. 17,6 cm
Inv.Nr. KG 957
Literatur: Celle 1946, S. 12, Kat.Nr. 99, Celle 1954, Kat.Nr. 272, Celle 1957, Raum III, Schrank 25
Ausstellungen: 1946/47 Schloss Celle "Europäisches Porzellan des 18. Jahrhunderts", 1954 Schloss Celle, "Kostbarkeiten alter Kunst", 1957 Schloss Celle "Porzellan als Kulturspiegel", 1963-1996 ständige Porzellanausstellung SMS, seit Dezember 1997 Schloss Schwerin

Die Beize, die Jagd mit Greifvögeln wie Falken, Habichten, Sperbern oder auch bestimmten Adlern erfreute sich schon Jahrhunderte vor unserer Zeitrechnung überaus großer Beliebtheit. Als namhaftester Liebhaber und Erforscher der Beizjagd gilt der "Falkenkaiser" Friedrich II. (1194-1250), der seine Beobachtungen in dem Buch "De arte venandi cum avibus" (Über die Kunst, mit Vögeln zu jagen) niederlegte.[1] Obwohl die Beizjagd im 18. Jahrhundert nach und nach aus der Mode kam, wurde sie weiterhin bildlich dargestellt.[2] Der Falkonier Eberleins in weißem Rock mit grünen Aufschlägen entstand nicht in königlichem Auftrag, da die Kleidung in solchem Falle in Gelb und Blau gegeben worden wäre.[3] Auf seinem linken Arm sitzt ein Falke mit Falkenhaube. Um den auch in der Ferne scharfsichtigen Falken nicht durch dort befindliches Wild zu beunruhigen, sondern auf das naheliegende Beizwild zu lenken, musste er verkappt werden, was bei den Kurzstreckenjägern Sperber und Habicht nicht erforderlich war. Stand das Wild auf (flog auf), wurde die Haube entfernt; der Falke nahm zunächst das Wild in der Nähe wahr und stieß darauf zu.

1 Haseder 1999, S. 85ff.
2 Vgl. auch eine Figurenuhr aus der Mitte des 19. Jahrhunderts, die einen Falkner mit einem Hund zeigt (SMS, Inv.Nr. KH 864)
3 Vgl. den Jagdpokal für Clemens August im Metropolitan Museum of Modern Art, New York: Hackenbroch 1980, S. 114 und S. 111, Abb. 3

83 Potpourrivase
Modell von Johann Gottlieb Ehder (Leipzig 1716/17-1750 Meißen), 1749, Meissen, um 1750
Porzellan, staffiert
H. 21,4 cm
Bez. unter der Standfläche mit undeutlicher Schwertermarke in Unterglasurblau
Herkunft: Ankauf 1891 Sammlung David Thormann, Wismar
Inv.Nr. KG 2110
Literatur: Celle 1957, Raum I, Schrank 3
Ausstellungen: vermutlich 1891 im sog. Thormann-Saal im Großherzoglichen Museum Schwerin, vermutlich von 1921 bis ca. 1943 Schlossmuseum Schwerin, 1957 Schloss Celle "Porzellan als Kulturspiegel", seit 1963 ständige Porzellanausstellung SMS, seit Dezember 1997 Schloss Schwerin

Potpourrivasen bargen in ihrem Inneren einen Extrakt aus wohlriechenden Blütenblättern, der in einem monatelangen Verfahren aufwendig hergestellt worden war. Durch die Öffnungen im Deckel konnten die Düfte entweichen und sich im Raum ausbreiten, es sei denn, ein zweiter, undurchlässiger Deckel bewirkte ein "Anhalten" des Duftstromes. Während die plastisch aufgelegten Blumen mit dem Inhalt korrespondieren, belegt die Darstellung eines Rebhühnern auflauernden Hundes, die Beliebtheit und Omnipräsenz jagdlicher Motive in dieser Zeit.

84 Teile aus einem Teeservice mit farbig gemalten Jagddarstellungen und Goldspitzenkanten
Meissen, um 1740
Porzellan, bemalt, Goldränder
6 Unterschalen: Dm. ca. 13,7 cm, 6 Koppchen: Dm. ca. 8,3 cm, Zuckerdose: 11,3 x 12,5 cm, H m. D. 11,4 cm und Teebüchse: H. m. D. 12,2 cm
Bez. mit Schwertermarke in Unterglasurblau
Herkunft: 1899 aus dem Großherzoglichen Schloss in Schwerin
Inv.Nrn. KG 2166-2179 (insgesamt 14 Teile)
Literatur: Schlie 1893 I, S. 10 (11. Service, Teedose und 6 Tassen) und Marke S. 18, Schlie 1893 II, S. 4 (KG 2178 Zuckerdose), Celle 1957, Raum I, Schrank 2, Röntgen 1984, S. 80 Pl. 132 (KG 2179 Teedose)
Ausstellungen: 1893 Großherzogliches Museum Schwerin "Altmeißen in Schwerin" (I), 1893 Großherzogliches Museum Schwerin, "Altmeißen in Schwerin" (II) (Zuckerdose), vermutlich von 1921 bis ca. 1943 Schlossmuseum Schwerin, 1957 Schloss Celle "Porzellan als Kulturspiegel", einige Stücke 1963-1996 ständige Porzellanausstellung SMS und seit Dezember 1997 Schloss Schwerin

Die vorstehenden Stücke stammen vielleicht aus einem Service, das als "Ein completes Thee- und Caffeeservice, von Dresdner Porzellän, mit Jagdstücken" schon im Schweriner Schlossinventar von 1808 verzeichnet ist.[1]
Den Goldspitzenkanten, die noch den traditionellen "altfranzösischen Geschmack" vertreten, stehen die moderneren jagdlichen Motive gegenüber, die sich im Freien zutragen. Auf inselartigem Bodenstück erscheinen Szenen mit oder ohne Jäger, während und nach der Jagd auf Wildschwein, Hirsch, Wolf oder Fuchs in farbiger Malerei. Die Falknerin auf einer Unterschale demonstriert, dass die Jagd auch Frauen offenstand.[2]

1 LHA, Schwerin, Kabinett III, Gemäldegalerie zu Schwerin "Inventarium der Bildergallerie und Kunstkammer zu Schwerin ... aufgenommen von den Herrn Oberschenck, Freiherrn von Forstner, und dem Aufseher Thiel, den 7ten März ... 1808", S. 31, Nr. 1
2 Inv.Nr. KG 2170

85 Teile aus einem Kaffee-, Schokoladen- und Teeservice mit purpur gemalten Jagdtieren in landschaftlicher Umgebung
Meissen, um 1750
Porzellan, bemalt en camaieu in Purpur, Goldränder
3 kleine Kannen: H. m. D. 13 cm, 2 Teedosen: H. m. D. 15,3 cm, Kumme: Dm. 18,6-20,5 cm, H. 9,5-9,9 cm, viereckige Schale: 15,0 x 15,2 cm, H. 2,5 cm, 4 achteckige Teller: Dm. ca. 13-13,5 cm, 16 vierpassförmige Teller: 12,9-14 x 11,7-12,4 cm, 3 achtkantige Tassen: H. 7,7-7,9 cm, 4 große vierpassige Tassen: H. 7-7,3 cm, 7 mittelgroße vierpassige Tassen: H. 5,1-5,7 cm, 5 kleine vierpassige Tassen: H. 4,3-4,5 cm
Bez. mit Schwertermarke in Unterglasurblau und weiteren Kennzeichnungen
Herkunft: 1899 aus dem Großherzoglichen Schloss in Schwerin
Inv.Nrn. KG 2182-2208, 2210-2226 und 2228 (insgesamt 45 Teile)
Literatur: Schlie 1893 I, S. 10 (12. Service), und Marke S. 18, Celle 1957, Raum 1, Schrank 2
Ausstellungen: 1893 Großherzogliches Museum Schwerin "Altmeißen in Schwerin"(I), vermutlich von 1921 bis ca. 1943 Schlossmuseum Schwerin, 1957 Schloss Celle "Porzellan als Kulturspiegel"

86 Butterdose in Gestalt einer Ente
Groß Stieten, 1753/1754
Fayence, bemalt
H. 13,5 cm, L. 20,5 cm
Bez. in Manganviolett im glasierten Deckel: V H / Gros: Stitten / Chely / XVI; auf dem unglasierten Boden des Gefäßes: V: H: / Gros: Stitten / Chely / 9
Herkunft: Ankauf 1891 Sammlung David Thormann, Wismar
Inv.Nr. KG 3110
Literatur: Krull 1867, S. 155, Schlie 1894, S. 89/90 m. Abb. S. 89 und Bezeichnung S. 90, Schlie 1898, S. 630 mit Abb., Stoehr 1920, S. 532, Abb. 249, Riesebieter 1921, S. 229f. (Abb. 172: irrtümlich verlorenes Schweriner Stück, Inv.Nr. KG 3632) S. 230 eine der Marken, Josephi 1926, S. 17, Hüseler 1956, S. 63/64, S. 158 (auf S. 217 Abb. 48: irrtümlich wie bei Riesebieter KG 3632), Graesse 1982, S. 90, Marken 2/3, Pichelkastner 1981, S. 125, Fischer 1990 m. Abb.
Ausstellungen: vermutlich 1891 im sog. Thormann-Saal im Großherzoglichen Museum Schwerin, von 1921 bis ca. 1943 Schlossmuseum Schwerin, 1963 - ca. 1980 Fayenceausstellung SMS

Wegen ihrer kurzen Existenz in den Jahren 1753/54 zählen die Erzeugnisse

Butterdose, Groß Stieten, Kat.Nr. 86

der Fayencemanufaktur in Groß Stieten zu den Rarissima der Keramik. Die offenbar einzigen zwei Stücke verwahrt das Staatliche Museum Schwerin.[1] Für die Kindergruppe bediente sich der aus Braunschweig engagierte Modelleur und Arkanist Christoph Ludwig Chely einer Meissener Gruppe von Eberlein.[2] Als Vorlage der Ente wird bislang ein Braunschweiger Modell angenommen, wenngleich auch die Meissener Manufaktur noch vor 1750 Dosen in Entengestalt produzierte, die zumindest als Anregung in Betracht zu ziehen sind.[3]
Die einfache, manganviolette Staffierung des Vogels erlaubt zwar keine genauere Bestimmung; Wildenten jedoch sind den jagdbaren Tieren zuzurechnen.

1 Eine weitere Ente gehört zu den kriegsbedingten Verlusten des SMS.
2 Josephi 1926, S. 17, vgl. Riesebieter 1921, Abb. S. 261
3 Albiker 1959, Nr. 146 und 150, Butler 1977, Kat.Nr. 321, Jedding 1982, Kat.Nr. 281

87 Teller mit der Darstellung einer Wolfsjagd nach Antonio Tempesta Castelli, Grue-Werkstatt, um 1700
Majolika
H. 2,5 cm, Dm. 23,5 cm
Herkunft: Ankauf 1886/87 Kunsthandel Wiggert, Hamburg
Inv.Nr. KG 1151
Literatur: Kat. SMS Italien 1999, S. 252, Nr. 6 und Abb. S. 39

Bereits im 16. Jahrhundert hatte sich in der Majolikakunst, insbesondere in der Istoriati-Malerei, die Verwendung von Vorlagen etabliert. In der Fülle von graphischen Blättern des italienischen Stechers Antonio Tempesta (1555-1630), die oftmals als Vorlagen herangezogen wurden, widmen sich allein mehr als 500 der Jagd und Tieren.

88 Pokal mit farbiger Lackmalerei einer Hirschjagd in Zwischengoldtechnik, Böhmen, um 1730
Glas, partiell vergoldet
H. 17,8 cm
Inv.Nr. KG 649
Literatur: unveröffentlicht

Die aus zwei ineinander passenden Glasbechern gebildete 18-eckige Kuppa des Pokals zeigt in farbiger Lackmalerei eine Hirschjagd in bergiger Landschaft. Diese Art der Verzierung ging im 18. Jahrhundert insbesondere aus bömischen Hütten hervor. Den Boden ziert die Darstellung eines Hirsches und eines Hasen in Zwischengoldtechnik auf rubiniertem Grund. Balusterschaft und Fuß sind facettiert.

89 Pokal mit geschnittener Jagddarstellung
Deutsch, Mitte 18. Jahrhundert
Glas, geschnitten
H. 25 cm
Herkunft: Ankauf 1891 Sammlung David Thormann, Wismar
Inv.Nr. KG 3822
Literatur: unveröffentlicht
Ausstellungen: vermutlich 1891 im sog. Thormann-Saal im Großherzoglichen Museum Schwerin

Der große Pokal mit hohlem Balusterschaft ist auf der Kuppa mit einer einfachen, umlaufenden Darstellung verziert: Einem Jäger mit Bogen und zwei Hunden, einem Hirsch und der Andeutung eines Dorfes, jeweils durch einzelne Bäume voneinander getrennt.

90 Deckelpokal mit geschnittener Jagddarstellung
Schlesien, um 1740
Glas mit Hoch- und Tiefschnitt
H. m. D. 28,5 cm
Inv.Nr. KG 632
Literatur: Strutz 1984, Abb. 220

Auf der Kuppa des mit Hoch- und Tiefschnitt und Facettierung versehenen Pokals finden sich Jagddarstellungen in Mattschnitt. Auf einem umlaufenden Bodenstreifen sind nacheinander ein Reiter, ein Hund, der einen Hirsch anfällt, ein Jäger und ein Schloss wiedergegeben. Bäume trennen die einzelnen Szenen voneinander, bei denen auf eine räumliche Wirkung - etwa durch Tiefe suggerierende Hintergrundsschilderungen - weitgehend verzichtet wurde.

91 Deckelpokal mit geschnittenen Jagddarstellungen
Schlesien, um 1740
Glas, geschnitten
H. m. D. 15,2 cm, H. o. D. 10,5 cm
Bez. auf der Kuppa über einem Wappen "Liebhaber der Jägerey"
Herkunft: Ankauf am 17. 4. 1916 Kunsthandel Lissauer, Lübeck
Inv.Nr. KG 3967
Literatur: unveröffentlicht

Mit der Entwicklung neuer Glasmassen im ausgehenden 17. Jahrhundert traten zuerst bömische und schlesische Hütten an die Stelle der bislang von venezianischen Erzeugnissen dominierten Glasherstellung in Europa. Die weicheren Gläser erlaubten eine kunstvolle Auszier durch Schnitt und Schliff.
Eingebettet in ein reiches und sehr subtil geschnittenes Gespinst aus Blumen, Früchten und Muscheln finden sich auf der Kuppa des kleinen Pokals zwei Reserven: Einem Jäger mit zwei Hunden bei der Hirschjagd ist das vollständige Wappen des Freiherrn von Knichen gegenübergestellt, den die darüber befindliche Umschrift als einen "Liebhaber der Jägerey" ausweist.

92 Pokal mit geschnittener Jagddarstellung
Sachsen, um 1720
Glas, geschnitten
H. m. D. 22,5 cm, H. o. D. 19,8 cm
Herkunft: Ankauf 1890/91 aus dem Königlichen Kunstgewerbemuseum, Berlin
Inv.Nr. KG 3900
Literatur: unveröffentlicht

Die zwei Szenen auf der Kuppa dieses Pokals sind durch je einen Baum voneinander getrennt.
Auf der Vorderseite wird eine eingestellte Jagd auf Wildschweine vorgeführt, an der zwei Jäger - einer beritten, der andere zu Fuß - und eine vorwärtsstürmende Hundemeute beteiligt sind. Die Besonderheit dieser Ende des 16. Jahrhunderts eingeführten Jagdart bestand in der Begrenzung des Jagdareals mit Jagdzeug, Lappen oder Netzen.[1] Tage zuvor wurde das Wild eines größeren Jagdgebietes durch hunderte von Treibern in diesen sogenannten Bockstall zusammengetrieben. Wegen des großen Aufwandes und der damit entstehenden Kosten war das eingestellte Jagen meist an besondere Hoffestlichkeiten gebunden. Offenbar boten die Gegebenheiten im multiterritorialen Deutschland günstige Voraussetzungen für diese Jagdart, die auch als Deutsches Jagen bezeich-

net wurde.[2] Auf der Rückseite laufen von rechts zwei Jäger mit Saufedern heran, während sich drei Hunde auf ein Tier stürzen. Links erscheint ein Reiter vor landschaftlichem Hintergrund, in den eine Burg oder ein Schloss einbezogen ist.

1 Haseder 1999, S. 178ff. und S. 160
2 Schwenk 1991, S. 41

93/94 Vasenpaar mit Jagdszenen in Schwarzlotmalerei
Deutsch?, um 1810

Glas, mattiert, geschliffen, Schwarzlotbemalung, vergoldete Bronzemontierung
H. 15,4 cm
Herkunft: Ankauf 1930 aus herzoglichem Besitz (Aus dem Besitz der Großherzogin Alexandrine stammend)
Inv.Nrn. KG 637/638
Literatur: unveröffentlicht

Die trotz der Vielfalt von Verzierungen von Klarheit bestimmten Gefäße weisen eine Becherform auf. Dem weit ausgestellten Mündungsrand, der von einer Kante aus zarten Bildnismedaillons, Pfauen und Ranken begleitet wird, entgegnet der in vergoldeter Bronze gefasste Fußrand. Über Brillantschliffbändern erstreckt sich die freie, umlaufende und feine Darstellung. Nur die eine Vase (KG 637) zeigt eine Hirschjagd in waldiger Landschaft, an der drei Reiter und eine wild dahinstürmende Hundemeute beteiligt sind. Da das Detail einer Baumgruppe und zweier rastender Jäger auf beiden Vasen wiederkehrt, ist die Verwendung von verschiedenen graphischen Vorlagen anzunehmen.

Von Allegorien und Mythologien der Jagd

Karin Annette Möller

Im Zentrum mythologischer Darstellungen des Barock, die das Thema der Jagd berühren, steht die Göttin Diana.[1] Aus verschiedenen Einflüssen hat sich ihr Mythos in einem ständigen Wandel über viele Jahrhunderte herausgebildet. Wesentliche Züge gehen auf die etwa im 5. Jahrhundert einsetzende Verschmelzung der italienischen Jägerin mit der altgriechischen Göttin Artemis zurück.[2] Während Diana vornehmlich als Göttin der Nacht, des Mondes und des Lichts angerufen wurde, wurden der als allwaltende Mutter- und Naturgottheit verehrten, mächtigen Artemis vielfältige "Zuständigkeiten" und Beziehungen zu weiteren Göttern von regional unterschiedlicher Ausprägung zugeschrieben. Sie galt als Herrin aller Tiere, Patronin der Pferde, Göttin der Wildnis, der Einsamkeit, der Flüsse, des Seeverkehrs, der Jugend und des Todes, sie stand der Unterwelt, der Nacht, den Göttinnen der Geburt, der Fruchtbarkeit und der Erde nahe. Ihre Bedeutung schlug sich in der Vielzahl ihr geweihter Kultstätten nieder, die lediglich von jenen für Zeus übertroffen wurde.[3] Aus der Fülle sich überlagernder und auch widersprechender früher Vorstellungen entwickelte Homer (8. Jh. v. u. Z.) ein Idealbild der arkadischen Göttin, indem er sie ihrem Zwillingsbruder Apollon anglich.[4] Nach und nach formte sich aus der allgegenwärtigen Naturgöttin, die auch grausame Züge aufwies, eine "hohe, blühende Jungfrau", aus der Herrin der Tiere die Göttin der Jagd, mit deren Schönheit sich allein Aphrodite messen konnte.[5] In Italien wurde Diana von den Dichtern in ähnlicher Weise als keusche Anhängerin des freien Naturlebens, die mit ihren Nymphen durch Wälder und Haine streift, gepriesen. Die Römer trugen ihren Mythos in die cisalpinen Länder.

Die Begeisterung für die antike Welt in der Renaissance ergriff auch die mythologischen Erzählungen des Altertums, so dass die Göttergeschichten des Ovid (43 v. u. Z.-um 18 u. Z.) zu einer der beliebtesten Lektüre avancieren konnten. In der Kunst der folgenden Jahrhunderte standen die Götter als Metaphern für fürstliches Selbstverständnis, indem sie ideale Eigenschaften und Vorstellungen verkörperten und damit nicht zuletzt Machtansprüche demonstrierten.

Als Göttin der Jagd symbolisierte Diana eine der Hauptvergnügungen der Fürsten im Barock. Sie wurde als erfolgreiche Jägerin, oftmals umringt von ihren Nymphen, die sie pflegen oder das erbeutete Wild präsentieren, dargestellt (Kat.Nr. 95). Gerade die minutiöse Wiedergabe der toten Tiere erlaubte es den Malern, ihr Können eindrucksvoll unter Beweis zu stellen. Die umgebende Landschaft artikuliert im Verlaufe des 17. Jahrhunderts die Sehnsucht nach einem idealen Garten,

Gerard de Lairesse, Jagdbeute der Diana, Kat.Nr. 95

gemäß dem von Poussin geprägten Motto: "Et in Arcadia ego".

Darüberhinaus lieferte die edle, liebliche Gestalt der Göttin auch den Vorwand, um einen weiblichen Akt voller Sinnlichkeit vor Augen zu führen, eine Ausstrahlung, die angesichts ihres Keuschheitsgelübdes eine gewisse Pikanterie besitzt (Kat.Nrn. 96 und 103). Sowohl in der Entscheidung für ihre Freiheit, die sie höher bewertete als die Bindung (Unterwerfung) an einen Mann, als auch in der unerschrockenen Ausübung der Jagd als einer ursprünglich "männlichen" Tätigkeit, liegen emanzipatorische Züge, die jedoch erst in der 2. Hälfte des 19. Jahrhunderts Interesse erlangten.

Analog der Darstellung zahlreicher Götter, die insbesondere als Gartenskulpturen, später auch in reduzierter Form als Porzellanstatuetten auf der Tafel, herausragende Tugenden oder Fähigkeiten eines Souveräns verherrlichten, erschien auch die schöne Göttin der Jagd vielfach als Apotheose.[6] Um die Jagdleidenschaft einer konkreten Person zu rühmen, wurden Diana im "portrait historé" zuweilen porträthafte Züge verliehen. Im 18. Jahrhundert hingegen galt dem Porträt selbst größere Aufmerksamkeit, und nur die

Diana, Matthias Obermayer?, Kat.Nr. 103

Verwandlung des Aktäon, Johannes Sporer?, Kat.Nr. 104

Attribute - Mondsicheldiadem, Bogen und Pfeilköcher - geben die Dargestellte als Göttin zu erkennen.[7]

Neben Diana gibt es eine Reihe weiterer mythologischer Gestalten, Nymphen und Götter, die eine mitunter schicksalshafte Leidenschaft für die Jagd eint. In ihren Mythen, die ebenfalls grundlegenden Wandlungen unterlagen, verbinden sich wiederum Vorstellungen der Griechen mit denen der Römer. Häufig wurde im Barock die tragische Geschichte von Aktaion (lat. Aktäon) dargestellt (Kat.Nr. 104). Meist wird der von dem gutmütigen Kentauren Chiron in der Jagd unterwiesene Jüngling nicht etwa jagend gezeigt, sondern in dem spannungsvollen, flüchtigen Moment, in dem die Göttin die Strafe ausspricht: Seine Verwandlung in einen Hirsch. Ursprünglich wurde erzählt, Zeus habe in Aktaion einen Mitbewerber um Semele ausschalten wollen, der sich überdies gerühmt habe, ein besserer Schütze zu sein als Artemis. Daraufhin habe die erzürnte Göttin ihm - lediglich - ein Hirschfell übergeworfen, woraufhin seine iritierten Hunde ihn zerrissen.[8] Während Aktaion später unterstellt wurde, er habe die schöne Göttin absichtlich beim Baden überraschen wollen, beschreibt Ovid die Begegnung als zufällig, als er sich nach der Jagd Kühlung und Erholung im Wald verschaffen wollte.[9] Dabei gelangte er an die "umwaldete Grotte, ... wo, von der Jagd ermüdet, die Göttin der Wälder pflegte mit lauterem Tau jungfräuliche Glieder zu netzen". Vergeblich suchten die Nymphen ihre Herrin vor den Blicken des jungen Mannes zu schützen. Augenblicklich erkannte er mit Entsetzen sein Vergehen, während er bereits den "Zorn der beköcherten Göttin" zu verspüren begann. Seine eigenen Hunde "zerfleischten den Herrn im Bilde des trügerischen Hirsches", weshalb er bei Ripa für die Undankbarkeit figurierte.[10]

Ähnlich grausame Momente enthält die Sage von Kallisto, der Jagdgefährtin Dianas (griech. Artemis), der sich Jupiter (griech. Zeus) in der Gestalt ihrer Herrin näherte und sie schwängerte.[11] Obwohl sie zunächst nichtsahnend in diese Situation geraten war und sich bei Entdeckung des Betruges heftig gewehrt hatte, wurde die Bestrafung ihrer Unkeuschheit mit der Verwandlung in eine Bärin durch zahlreiche Darstellungen als gerecht hingestellt und damit sanktioniert.[12] Bei den bildkünstlerisch beliebten Szenen, insbesondere der Begegnung von Kallisto und Jupiter (Kat.Nr. 105) oder der Entdeckung der Schwangerschaft Kallistos beim Bade durch Diana, schwingt stets ein moralisierender Aspekt mit.[13]

Wie Kallisto ist auch die Gestalt der jungfräulichen Jägerin Atalante aus dem Artemis-Mythos hervorgegangen.[14] Da ihr Vater, der böotische König Schoineus, nur Söhne wollte, wurde sie ausgesetzt, zunächst von einer Bärin genährt und schließlich von Jägern aufgezogen.[15] In Atalante verliebt, lud Meleagros (lat. Meleager) (Kat.Nr. 109) die geschickte Jägerin zur Jagd auf einen wilden Eber ein, der das väterliche Königreich Kalydon verwüstete.[16] Wiederum war es Artemis, die sich auf diese Weise an König Oineus rächte, da er es versäumt hatte, ihr zu opfern. Die Jagd verlief erfolgreich, wenn-

Kaffeekanne, Meissen, Kat.Nr. 105

gleich die tugendhafte Übergabe des Fells als Trophäe an Atalante, die dem Tier den ersten Stoß versetzt hatte, Meleagros zum Verhängnis wurde. Er tötete seine beiden Onkel, die sich seiner Entscheidung widersetzt hatten. Seine Mutter wiederum sühnte den Tod ihrer Brüder mit dem ihres Sohnes, indem sie einen Holzscheit entzündete, an dessen Existenz sein Leben geknüpft war.

Auch die Nymphe Daphne, der Königssohn Hippolytos oder Endymion, der schöne König von Elis, waren der Jagd zugetan, und auch in ihren Mythen spielt ihre Keuschheit eine große Rolle.[17] Im Blickpunkt ihrer bildlichen Darstellung steht daher weniger die Jagd, als vielmehr ihre Tugendhaftigkeit. Oszillierend zwischen ihrem Verlangen und der Erkenntnis der Unerreichbarkeit des Geliebten durchleiden die Helden ihr Schicksal. Um moralische Botschaften zu vermitteln, wird immer wieder die Frage nach Schuld und Strafe aufgeworfen, deren Beantwortung aus heutiger Sicht vielfach ungerecht erscheint. Zwischen der Begierde nach weiblicher Schönheit und der Jagd-Lust wurden ebenso Bezüge hergestellt.

Adonis, der schöne Geliebte von Venus (griech. Aphrodite) und Proserpina (griech. Persephone), galt als Gott des Wachstums und der Natur (Kat.Nr. 108). Sein Bezug zur Jagd resultiert aus seinem schrecklichen Ende, der Tötung durch einen wilden Eber.[18] Da er die Warnungen der Schönheitsgöttin vor der Jagd nicht beherzigte, galt Adonis als Sinnbild für Verwegenheit und Unreife der Jugend. Darüberhinaus "malten sie den sehr schönen Jüngling Adonis für den Winter als einen Jüngling in der Kleidung eines Jägers".[19]

Lange schon bestand die emblematische Verknüpfung zwischen der Jagd und dem Winter als der Jahreszeit, in der dieses Vergnügen vorrangig ausgeübt wurde. Innerhalb von Jahreszeitenfolgen, insbesondere in Gebetsbüchern und Kalendarien, wurde der Winter daher häufig durch Jagdszenen veranschaulicht.[20] Basierend auf periodisch wiederkehrenden Entwicklungen in der Natur und jahreszeitlich bedingten, menschlichen Tätigkeiten bildeten sich die Tierkreiszeichen heraus. Für den November wählte man den Schützen, den jagdliebenden Kentauren Chiron, der auch Meleager und Hippolytos in dieser Kunst unterwiesen hatte. In der Verknüpfung von Tierkreiszeichen (Monaten) und zwölf Göttergestalten war Diana dem "Centaurischen Schützen" und somit ebenfalls dem November zugeordnet.[21] "Der Schütze verkündigte die beste Jachtzeit des Novembers, das ist derjenigen Zeit, worin man das Wild, welches im Sommer und Herbste fett geworden war, und nunmehr das beste Pelzwerk hatte, zu jagen anfing".[22] Schon Ripa erwähnt zwar die Jagd im Kontext des Novembers, weist sie jedoch wesentlich stärker dem Januar zu, indem er den "Jannuarius" als einen "Jüngling, der mit verschiedenen Hunden zur Jagd geht, ein Jagdhorn in der Hand habend und einen Stock, woran ein Hase oder anderes Wild hängt, über der Schulter", beschreibt.[23] Die gleiche Zuordnung belegt das Wiener Gemälde der Jäger im Schnee von Pieter Bruegel d. Ä. (um 1526/30-1569), das im Rahmen einer

Monatsfolge ebenfalls für den Januar in Anspruch genommen wird.[24]
Eine weitere Variante emblematischer Verschlüsselung der Jagd veranschaulicht ein Elfenbeinpokal mit der Darstellung dreier Elemente (Kat.Nr. 100). Während Fische und Fischer(in) an Fuß und Schaft das Wasser und die Vögel auf dem Deckel die Luft symbolisieren, verkörpert eine wilde Hatz von Hunden auf verschiedene jagdbare Tiere die Erde.[25] Als Momentaufnahmen zwischen Leben und Tod erfassen solche Szenen ebenso bestehende Hierarchien innerhalb des Tierreiches, indem das stärkere, überlegene Tier das schwächere zur Aufgabe zwingt. Auch bei der Jagd wuchs das Interesse, wenn zwei möglichst ebenbürtige Kontrahenten sich gegenüber standen. Je kapitaler der Hirsch, desto größeren Ruhm erlangte sein Bezwinger, der Fürst.
Neben den heidnischen Göttern der Griechen und Römer wurden aus der christlichen Überlieferung die Heiligen Eustachius und Hubertus von den Jägern verehrt. Auch hier ist das Phänomen einer Wandlung bzw. einer grundlegenden Konstituierung der Legende des Hl. Hubertus durch Rezeption wesentlicher Aspekte derjenigen des Hl. Eustachius zu beobachten. Die Bekehrung des trajanischen Heermeisters Eustachius, der zuvor Placidus hieß, geht auf eine Begebenheit bei der Jagd zurück.[26] Er verfolgte einen Hirsch, zwischen dessen Geweihstangen das Kreuz Christi erschien und der ihn schließlich zum christlichen Glauben anhielt. Nach zahlreichen schweren Prüfungen mit seiner Familie wieder vereint,

Deckelpokal, (Süd)Deutsch, Kat.Nr. 100

nach Rom und in sein Amt zurückgekehrt, ließ Kaiser Hadrian (76-138, Kaiser seit 117) ihn, seine Frau und die zwei Söhne schließlich in einen ehernen, glühenden Stier töten: Eustachius hatte sich geweigert, den heidnischen Göttern zu opfern. Hubertus war Bischof von Lüttich (gest. 727).[27] In den Ardennen wurde er zwar bereits im 10. Jahrhundert als Schutzpatron der Jäger verehrt, doch noch in der Legenda Aurea des Jacobus de Voragine aus dem 13. Jahrhundert ist keine Erzählung über ihn enthalten. Später wurde ihm ein "eitle(r) Hang zur Jagd" nachgesagt, und erst im 15. Jahrhundert die Visionsszene des Hl. Eustachius auf seine Legende übertragen.[28]

Wenngleich beide Heilige im Barock nur noch selten dargestellt wurden, blieb die Verehrung für Hubertus, insbesondere als Patron der Parforcejäger, bis in die Gegenwart lebendig.[29]

1 Diva¯ na, die Glänzende oder Leuchtende, Hoenn 1946, S. 133, Moormann/Uitterhoeve 1995, S. 125ff.

2 Hoenn 1946, S. 141, Artemis ist die Tochter von Zeus (lat. Jupiter) und Leto (lat. Latona), seiner letzten Geliebten vor der Hochzeit mit Hera (lat. Juno).

3 Ebenda, S. IX

4 Ebenda, S. 75ff.

5 Zitiert nach ebenda, S. 79 und S. 78

6 Zur Darstellung in Porzellan: Vgl. Bursche 1974, S. 65 und 79

7 Nagel Auktionen, 375. Auktion, 17./18. 3. 2000, Stuttgart 2000, Kat.Nr. 560, Kunsthaus Lempertz, 776. Math. Lempertzsche Kunstversteigerung, Sammlung Monheim, Aachen, 5. 2. 2000, Köln 2000, Kat.Nr. 16, Hoenn 1946, S. 168 und Tf. XIII - Nach H. Vollmer, Vgl. Th-B XIV, S. 435, ist die These einer Porträtähnlichkeit der Arbeit von Goujon nicht haltbar.

8 Hoenn 1946, S. 73, Daneben gibt es bildliche Darstellungen, bspw. in der Vasenmalerei, auf denen Artemis mit Pfeil und Bogen auf Aktaion zielt.

9 Ovid, Metamorphosen, 3, 143-252, S. 60-64, auch im Folgenden, Schwab 1971, Bd. 2, S. 484-486, Moormann/Uitterhoeve 1995, S. 29-31

10 Ovid, Metamorphosen, 2, 409-531, Ripa 1644, S. 361b, nach dem Sprichwort: "Ziehe Hunde groß, dass sie dich verschlingen mögen."

11 Moormann/Uitterhoeve 1995, S. 375/76

12 Die Verwandlung wird in den Quellen der erzürnten Diana (griech. Artemis) oder der betrogenen Juno (griech. Hera) zugeschrieben.

13 Vgl. bspw. Kat. SMS Italien 1999, Kat.Nr. 78 oder eine Truhe (Cassone) im SMS, Inv.Nr. KH 841, Italien, um 1540

14 Hoenn 1946, S. 19

15 Moormann/Uitterhoeve 1995, S. 135-137, Ovid, Metamorphosen, 8, 316-444, Schwab 1971, Bd. 1, S. 139-141

16 Moormann/Uitterhoeve 1995, S. 442-444, Ovid, Metamorphosen, 8, 268-546

17 Moormann/Uitterhoeve 1995, S. 215-217 (Daphne), S. 554-556 (Hippolytos), S. 255-258 (Endymion), Auf die im Barock ebenfalls beliebte Darstellung von Nymphen und Satyrn soll hier nicht eingegangen werden, da sie das Thema der Jagd kaum berührt.

18 Moormann/Uitterhoeve 1995, S. 10-15, Ovid, Metamorphosen, 10, 519-552, Den Eber sandte entweder Proserpina (griech.: Persephone) oder Mars (griech.: Ares), der eifersüchtige Geliebte

von Venus (griech. Aphrodite). Auch bei Kephalos verbindet sich mit der Jagd ein tragisches Ereignis: In dem Glauben, ein Stück Wild vor sich zu haben, tötete er mit einem Speer seine Frau Prokris, die ihm aus Misstrauen nachgeeilt war. Vgl. Moormann/ Uitterhoeve 1995, S. 386

19 Ripa 1644, S. 508b

20 Als Allegorie auf den Winter wurde auch Herakles (griech. Herkules) bei der Jagd auf den Erymantischen Eber gezeigt. Vgl. Ramler 1791, S. 10, Nr. 4, Zur Darstellung der Jagd als einer Tätigkeit, die einem Monat zugeordnet werden konnte, vgl. S. 16, vgl. auch ein Jägerpaar als Winter in: Meinz 1976, S. 22 und Tf. 41. Daneben konnten im 16. Jh. ganze Jahreszyklen allein der Jagd gewidmet sein, vgl. Edith Holm, Pieter Breugel und Bernard van Orlley, Hamburg/Berlin 1964 (Die Jagd in der Kunst), S. 8 ff.

21 Ramler 1791, S. 14: "... Dem Skorpione mit scharfen Waffen gebietet Mars, dem Centaurischen Schützen Diana, ...". Im Rahmen einer Tafeldekoration wird Diana als Sinnbild für den "Winter-Monat" beschrieben. Vgl. Bursche 1974, S. 74 (aus Daniel Casper von Lohenstein, Arminius und Thusnelda, Leipzig 1690, S. 431ff.). In der Porzellanplastik der 2. Hälfte des 18. Jh. symbolisieren Jagdszenen vorrangig den Herbst, vgl. Wolff Metternich 1986, S. 156, 161 und 165

22 Zitiert nach Ramler 1791, S. 13

23 Ripa 1644, S. 321a, unter dem Monat November: "In diesem Monat wird auch die Jagd sehr geübt", dem Oktober ordnet er den Vogelfang zu. Zitiert nach S. 326a

24 Mitunter wird das Bruegel-Bild dem Februar zugeordnet, Haseder 1999, S. 408

25 In der verlorenen Deckelfigur des Ganymed mit dem Adler ist ein weiterer Hinweis auf die Luft zu sehen. Für einen ebenfalls mitunter vorkommenden Zusammenhang des Adlers für das Element Feuer gibt es hier keine weiteren Indizien, da Ganymed die Luft vertritt.

26 Keller 1984, S. 216/17, Paffrath 1961, insbesondere S. 7-15

27 Keller 1984, S. 301, Paffrath 1961, S. 16ff., auch im Folgenden

28. In der erst wenige Jahre nach seinem Tod 744 von einem Klosterbruder geschriebenen Vita St. Hugberti gibt es keine Hinweise auf die Vision, vgl. Paffrath 1961, S. 18

29 Paffrath 1961, S. 49ff., Schwenk 1991, S. 43

95 Gerard de Lairesse
(Lüttich 1641 - 1711 Amsterdam)
Jagdbeute der Diana, 2. Hälfte
17. Jahrhundert
Öl auf Eiche
31,5 x 46,5 cm
Bez. links unten am Stein: G Lairesse
Herkunft: Aus großherzoglichem Besitz
(Erworben zwischen 1725 und 1791)
Inv.Nr. G 342
Literatur: Groth 1792, S. 62, 22, Lenthe 1821, Nr. 6, Schlie 1882, Kat.Nr. 587, Wurzbach 1906 II, Kat.Nr. 8, Mansfeld 1951, Kat.Nr. 148, Kat. SMS Holländische Maler 1962, Kat.Nr. 188, Jürß 1982, Kat.Nr. 193 und Abb. 67

Die barocke Darstellung zeigt die Göttin erhöht und etwas zurückgesetzt unter einer baldachinartigen Draperie, umringt von ihren Nymphen. Eine von ihnen führt zwei Windhunde an der Leine von links heran, andere präsentieren die Beute der Jagd. Das Haarwild, einige Hasen und ein Reh, liegen ausgebreitet auf einem Tuch am Boden, während eine Nymphe das Federwild auf einem großen Korb auf ihrem Kopf von rechts heranträgt.

96 Daniel Vertangen
(im Haag 1598- vor 1684 Amsterdam),
Diana mit ihren Nymphen,
2. Hälfte 17. Jahrhundert
Öl auf Eiche
48,6 x 64,6 cm
Bez. links unterhalb des Wildes: D. Vertangen. fecit.
Herkunft: Aus großherzoglichem Besitz
(Erworben vor 1821)
Inv.Nr. G 422
Literatur: Lenthe 1821, Nr. 78, Schlie 1882, Kat.Nr. 1069, Wurzbach 1906 II, Kat.Nr. 784, Mansfeld 1951, Kat.Nr. 256, Kat. SMS Holländische Maler 1962, Kat.Nr. 348, Jürß 1982, Kat.Nr. 356

Daniel Vertangen, Diana mit ihren Nymphen, Kat.Nr. 96

Von einer Felsgrotte in der linken Bildhälfte überfangen, lagert die unbekleidete Diana bäuchlings in überaus sinnlicher Weise auf leuchtend weißen und goldfarbenen Tüchern, die sie stark akzentuieren. Ihre Gefährtinnen ruhen ebenfalls oder suchen Kühlung bei einem Bad. Am Boden liegendes Jagdgerät, Pfeile, Bogen und Köcher, sowie erlegtes Wild deuten auf eine soeben beendete erfolgreiche Jagd.
Zwischen der Grotte links und einem malerisch überwucherten antiken Rundtempel am rechten Bildrand ist die Übergabe eines Pfeils durch weibliche Gestalten an einen Jüngling dargestellt. Dahinter öffnet sich eine weite arkadische Landschaft. Vor blauem Himmel, dessen lichte Farbigkeit sich in der Ferne zu Gelb wandelt, wirken auch die rahmenden Baumkronen besonders zart und duftig und fügen sich in den Gesamtklang des Bildes ein.

97 Diana mit ihren Nymphen
Flandern?, um 1680-1700

Wirkteppich
291 x 230 cm
Inv.Nr. KH 1486
Literatur: unveröffentlicht
Ausstellungen: seit 1995 ständige Ausstellung von Jagdwaffen Schloß Güstrow

Tapisserien erfreuten sich über Jahrhunderte großer Beliebtheit, besaßen sie doch neben ihrem Zweck als Wärmeisolierung in den meist spärlich beheizten, großräumigen Burgen und Schlössern eine dekorative Wirkung. Im Barock wuchs auch hier das Interesse an mythologischen Darstellungen, wobei sich Jagdthemen besonders für die vielfach entstehenden fürstlichen Jagdschlösser eigneten. Wahrscheinlich aus dem Schweriner Schloss stammend, zeigt diese Arbeit Diana, die in einem hohen Laubwald von ihren Nymphen zur Jagd geschmückt wird.

Diana mit ihren Nymphen, Flandern?, Kat.Nr. 97

98/99 Medaille 1711 auf die Reise des Herzogs Friedrich Wilhelm von Mecklenburg-Schwerin nach Aachen
Johann Friedrich Hilcken (geb. in Nordhausen - 1728)

Silber, 50,8 mm, 54,8 g
Vs. Trauernd sitzende Diana, Bogen und Pfeilköcher an einen Aast gehängt, in der Linken hält sie das ovale Schweriner Stadtwappen, zu ihren Füßen liegt ein Jagdhund, auf dessen Halsband FW (Friedrich Wilhelm), links im Hintergrund Stadt mit untergehender Sonne, Signatur H (Hilcken) auf dem Stein am linken Fuß, im Abschnitt IN.ABITVM.PRINCIPIS / AQVISGRAN. / DIE.XXI.APRIL / M.DCC.XI. (Zum Weggang des Fürsten nach Aachen am 21. April 1711)
SOL:ABIT.HINC.TRISTOR.SESE.LOTVRVS.IN.VNDIS (Die Sonne geht fort - davon werde ich betrübt -, um sich in Meereswellen zu baden.)
Rs. Schweriner Stadtansicht von der Seeseite, aufgehende Sonne über der Schelfstadt, im Abschnitt IN.REDITVM.SERENIS / SIMI. / SVERIN.DIE.XVI.IVL. / M.DCC.XI. (Zur Rückkehr des Erhabensten nach Schwerin am 16. Juli 1711)
SOL.REDIT.AC.REDUCI / SVERINVM.LVCE.SERENAT (Die Sonne kehrt zurück und erhellt Schwerin durch das rückkehrende Licht)
Herkunft: Alter Bestand
Inv.Nr. Mü 730
Literatur: Kat. SMS Münzen 1988, Nr. 150

Mit der Gesundheit des Herzogs Friedrich Wilhelm stand es nicht zum besten, nicht zuletzt auch deshalb, weil er dem weiblichen Geschlecht in einem Maße huldigte,

Medaille, Johann Friedrich Hilcken, Kat. Nr. 98

das anscheinend über seine Kräfte ging. Somit war ihm sehr daran gelegen, seine körperliche Vitalität zurückzuerhalten. Dem diente 1711 ein Aufenthalt in Aachen, wo er sich einer Badekur unterzog. Diesem Ereignis wurde eine solche Bedeutung zugemessen, dass es für Wert befunden wurde, daran mit einer Medaille zu erinnern. Aber selbst die Kur in Aachen mit seinen bedeutenden Thermalquellen brachte keinen Erfolg. Der Herzog starb zwei Jahre später im Alter von 38 Jahren am 31. Juli 1713.

100 Deckelpokal
(Süd)Deutsch, letztes Drittel
17. Jahrhundert
H. m. D. 33,7 cm, H. o. D. 24,7 cm
Herkunft: Ende des 19. Jahrhunderts aus großherzoglichem Besitz
(1817 aus der Sammlung Maximilians von Köln erworben)
Inv.Nr. KH 72
Literatur: Möller 1992, Kat.Nr. 127
Ausstellungen: 1988 SMS "Barocke Elfenbeine"

Der Pokal wurde 1817 von Großherzog Friedrich Franz I. mit der umfangreichen Kunstsammlung des letzten Kurfürsten von Köln, Maximilian, erworben, der eine große Zahl sehr qualitätvoller Kunstwerke zusammengetragen hatte. In dem Ankaufsverzeichnis liefert der Dresdener Händler Carl Engel nicht nur eine Beschreibung dieser außergewöhnlichen Arbeit, sondern erläutert bereits deren ikonografisches Programm: "... Der Fuß deutet, durch eine Menge sich mordender Fische, das Element des Wassers an. Einige Najaden tragen den Körper des Bechers, auf dem eine große Anzahl sich tödtender vierfüßiger Thiere die Erde bezeichnen. Den Deckel bilden eine Menge sich aufreibender Vögel als Symbol der Luft. Auf der Höhe des Deckels sitzt mit Jupiters Adler, Ganymed in ganzer Figur. ..."[1]

1 Johann Carl Engel: "Verzeichniß einer Sammlung von Kunstsachen verzüglichen Werthes und Alterthümern aus dem Nachlasse Sr. Durchlaucht des Churfürsten Maximilian zu Cöln" aus dem Jahre 1817 (Handschriftliches Verzeichnis SMS)

101 Dose mit Reliefdarstellung der schlafenden Diana auf dem Deckel und von Hunden gehetztem Wild auf der Wandung
Deutsch, Ende 17. Jahrhundert
Holz und Elfenbein
H. (insgesamt) 9,8 cm, Dm. 11,5 cm x 9,8 cm,
Wandung: H. 5,4 cm, Dm. 10,1 cm x 8,6 cm,
Deckelrelief: 4,7 cm x 3,1 cm
Herkunft: Ende des 19. Jahrhunderts aus großherzoglichem Besitz
Inv.Nr. KH 243
Literatur: Möller 1992, Kat.Nr. 253

Eine umlaufende Hetzjagd von dicht gedrängten, wild dahinstürmenden Hunden auf Wildschweine und Hirsche füllt die Wandung der Dose. Das eingelassene Deckelmedaillon zeigt am unteren Bildrand die auf ein Tuch gebettete, schlafende Diana mit dem Bogen in der Rechten, im Hintergrund die Andeutung einer Landschaft.

102 Diana
Französisch?, 1. Hälfte 18. Jahrhundert
Statuette aus Elfenbein auf Holzsockel mit je einem durchbrochen gearbeiteten Hirschrelief auf der Vorder- und den beiden Seitenfläche(n)
H. m. S. 29,5 cm, H. o. S. 18,2 cm
Herkunft: Ende des 19. Jahrhunderts aus großherzoglichem Besitz
(1817 aus der Sammlung Maximilians von Köln erworben)
Inv.Nr. KH 1909
Literatur: Möller 1992, Kat.Nr. 89
Ausstellungen: 1988 SMS "Barocke Elfenbeine"

Diana erscheint hier als die stolze Göttin der Jagd. Die diademverzierten Haare sind in einem Knoten zusammengeführt und fallen als Zopf den Rücken herab; lediglich eine einzelne Strähne lenkt die Aufmerksamkeit auf die linke Schulter. Die herabhängende Rechte fasst den Bogen,

Diana, Französisch?, Kat.Nr. 102

während die winklig erhobene Linke vermutlich einen inzwischen verlorenen Pfeil (oder Speer) hielt. Ein hinter ihr stehender (Jagd)Hund mit angelegten Ohren und langer Schnauze begleitet als weiteres Attribut die Göttin.

103 Schlummernde Diana
Matthias Obermayer? (Meidling 1719 - 1799 Straubing), Mitte 18. Jahrhundert
Hochrelief aus Elfenbein
L. 19 cm, B. 9 cm
Herkunft: Ende des 19. Jahrhunderts aus großherzoglichem Besitz
(1817 aus der Sammlung Maximilians von Köln erworben)
Inv.Nr. KH 1671
Literatur: Dettmann 1926, S. 30, Philippovich 1961, S. 208 (1982, S. 235), Möller 1992, Kat.Nr. 60
Ausstellungen: 1988 SMS "Barocke Elfenbeine"

Das Relief zeigt Diana, die - offenbar nach den Anstrengungen der Jagd - ausruht und im Schlaf Erholung findet. Die rechte Hand greift nach dem Bogen; zu ihrer Linken liegt der Pfeilköcher, und ein Hündchen schlummert zu ihren Füßen. Die Sinnlichkeit der - bis auf die Scham - unbekleidet, wie drapiert lagernden Göttin erfährt durch die feine Maserung und die weiche Oberflächenmodellierung des Elfenbeins eine subtile Steigerung. Bewusst werden die weiblichen Reize gerade der Göttin, die für Jungfräulichkeit und Keuschheit eintrat, hervorgehoben.

104 Verwandlung des Aktäon in einen Hirsch Johannes Sporer? (Sommerach um 1720 - 1759 Rom), Mitte 18. Jahrhundert

Relief aus Elfenbein
H. 15,9 cm, B. 11,1 cm
Bez. auf der Rückseite mit Resten roter (Siegel-?) Farbe und mit bräunlicher Tinte in Schreibschrift: Von Giovanni Sproger Roma
Herkunft: Ende des 19. Jahrhunderts aus großherzoglichem Besitz
(1817 aus der Sammlung Maximilians von Köln erworben)
Inv.Nr. KH 1860
Literatur: Dettmann 1926, S. 30 und Abb. 2, Philippovich 1961, S. 150 (1982, S. 176), Herding 1970, S. 151, Möller 1992, Kat.Nr. 66
Ausstellungen: 1988 SMS "Barocke Elfenbeine"

Das auf den Vordergrund hin gearbeitete Relief gibt eine Szene aus dem Kreis der Mythen um Diana wieder, die sich im Barock großer Beliebtheit erfreute.[1] Am häufigsten wurde der auch hier ausgewählte Moment der beginnenden Metamorphose dargestellt. Im Fliehen begriffen, haben Kopf und Hals des Jünglings bereits Hirschgestalt angenommen. Er wendet sich um zu der mit einem Diadem im Haar und Köcher am Boden ausgewiesenen Göttin, die, begleitet von zwei Nymphen, am Ufer eines Gewässers unter einer kantig gearbeiteten Felswand sitzt. Auf die Herkunft der literarischen Quelle wird meist durch die antikische Kleidung Aktäons Bezug genommen.

1 Schwab 1971, Bd. 2, S. 484-486, Moormann/ Uitterhoeve 1995, S. 29-31

105 Kaffeekanne mit farbiger Darstellung von Zeus und Kallisto Meissen, um 1730

Bemalung von Sabina Aufenwerth (Augsburg 1706 - 1782 ebenda) in Augsburg
Deckelmontierung aus vergoldetem Silber von Elias Adam (Züllichau um 1669 - 1745 Augsburg), Augsburg, zwischen 1731 und 1733
Porzellan, bemalt, vergoldete Silberfassung als Verbindung von Mündungsrand und Deckel
H. m. D. 20,4 cm, H. o. D. 16,6 cm
Bez. mit Spiegelmonogramm SAW in Gold auf dem Boden und Meistermarke EA auf der Fassung
Herkunft: 1899 aus dem Großherzoglichen Schloß in Schwerin übernommen
Inv.Nr. KG 2121
Literatur: Schlie 1893 I, S. 8 (2. Service) und Bezeichnungen S. 15, Röntgen 1984, S. 104, Tf. 218, Celle 1954, Kat.Nr. 265, Ducret 1972, S. 11 und Abb. 52 (RS: Abb. 53), Clarke 1973, Text und Abb. 3 (Goldmonogramm), Strutz 1984, S. 211, Führer SMS 1995, S. 105 m. Abb., Kat. SMS Porzellan 1999, S. 19 und Abb. S. 9
Ausstellungen: 1893 Großherzogliches Museum Schwerin "Altmeißen in Schwerin" (I), 1921-ca. 1943 Schlossmuseum Schwerin, 1954 Schloss Celle "Kostbarkeiten alter Kunst", 1963-1996 ständige Porzellanausstellung SMS, seit Dezember 1997 Schloss Schwerin

Die Kanne gehört zu einem der kostbarsten Service der Schweriner Sammlung, das für die Einnahme von Kaffee, Schokolade und Tee bestimmt war. Auf den

Wandungen finden sich farbige Szenen aus Mythologie und Genre, für die sich die Augsburger Hausmalerin graphischer Vorlagen bediente. Ein Gespinst aus Laub- und Bandelwerk, Blumenkörben und Vögeln - auch im Inneren der Tassen - und die Ränder begleitende Goldspitzenkanten ergänzen den sublimen Dekor.
Offenbar wird hier die Verführung Kallistos durch Zeus geschildert, der ihre Keuschheit dadurch überwand, indem er sich ihr in Gestalt von Artemis näherte.[1] Zur Strafe für die Schwangerschaft verwandelte sie Artemis in eine Bärin.[2] Vor landschaftlichem Hintergrund ist die Nymphe mit geschultertem Köcher und Bogen in der Rechten wiedergegeben, von rechts bedrängt vom blütenbekränzten, androgyn wirkenden Zeus.

1 Ducret 1972, S. 11
2 Moormann/Uitterhoeve 1995, S. 375f.; nach der Überlieferung von Ovid wurde sie von Zeus, nach einer weiteren, von Hera verwandelt.

106 Diana
Modell von Wilhelm Christian Meyer (Gotha 1726 - 1786 Berlin), um 1770
KPM Berlin, um 1770
Porzellan, staffiert, partiell vergoldet
H. 19,3 cm
Bez. im Hohlsockel mit Zeptermarke in Unterglasurblau und Ritzsignatur: FM
Herkunft: Ankauf 1891 Sammlung David Thormann, Wismar
Inv.Nr. KG 5987
Literatur: unveröffentlicht
Ausstellungen: vermutlich 1891 im sog. Thormann-Saal im Großherzoglichen Museum Schwerin und von 1921 bis ca. 1943 Schlossmuseum Schwerin, 1963-1996 ständige Porzellanausstellung SMS, seit Dezember 1997 Schloss Schwerin

107 Apollo
Aus der Folge: Apollo und die Musen[1], Modell von Wilhelm Christian Meyer, 1769
KPM Berlin, um 1770
Porzellan, staffiert, partiell vergoldet
H. 19,5 cm
Bez. im Hohlsockel mit Zeptermarke in Unterglasurblau und Ritzsignatur: CM
Herkunft: Ankauf 1891 Sammlung David Thormann, Wismar
Inv.Nr. KG 5988
Literatur: unveröffentlicht
Ausstellungen: vermutlich 1891 im sog. Thormann-Saal im Großherzoglichen Museum Schwerin und von 1921 bis ca. 1943 Schlossmuseum Schwerin, seit Dezember 1997 ständige Porzellanausstellung Schloss Schwerin

Die Zwillingsgeschwister Diana und Apollo wurden schon in der Antike häufig zusammen dargestellt und gehörten in der zweiten Hälfte des 18. Jahrhunderts zum gängigen Repertoire verschiedener Porzellanmanufakturen in Europa.[2] Sie erscheinen als gemalte Dekore, sowie als Pendantstatuetten, und gerade aus der

Diana und Apollo, KPM Berlin, Kat.Nr. 106/107

Berliner Manufaktur gingen um 1775/80 mehrere Folgen von Götterfiguren hervor, in denen beide enthalten sind.[3] Diana und Apollo liebten die Jagd mit Pfeil und Bogen, mit dem sie gemeinsam auch manchen Gegner besiegt hatten. Daneben basiert die inhaltliche Beziehung auf der Gleichsetzung Apollos (griech. Apollon) mit dem Sonnengott Sol (griech. Helios), während seine Schwester mit der Mondgöttin Luna (griech. Selene) in Verbindung gebracht wurde.[4]

1 Vgl. Lenz 1991 I, S. 27 i - 9. Apollo und die Musen, dazu "Diana, Compagnon zum Apollo"
2 Vgl. bspw. ein Statuettenpaar in Höchst von Johann Peter Melchior, um 1775 in: KERAMOS, 119/1988, S. 130, Abb. 31 oder Diana auf einer Deckeltasse und Hermes und Apollo auf der dazugehörigen Unterschale, um 1770, bemalt im Umkreis von Johann George Loehnig Porzellansammlung Dresden, Inv.Nr. P. E. 1573, vgl. Führer Dresden 1998, S. 235
3 Lenz 1991, S. 23 (2. Figuren en buste) und S. 27
4 Moormann/Uitterhoeve 1995, S. 91ff. und S. 125ff.

108 Ruhender Adonis
Modell von Wilhelm Christian Meyer, 1769,
KPM Berlin, um 1770

Porzellan, staffiert, partiell vergoldet
H. 24 cm
Bez. im Hohlsockel mit Zeptermarke in Unterglasurblau und Ritzsignatur: CM
Inv.Nr. KG 800
Literatur: Celle 1957, Raum IV, Schrank 32
Ausstellungen: seit Dezember 1997 ständige Porzellanausstellung Schloss Schwerin

Das Gegenstück dieses auf einem großen Kissen ruhenden Jünglings Adonis mit Hund, Krummstab und Bogen zeigt Venus mit Cupido (griech. Aphrodite), die dem Mythos nach, seine Geliebte war. Sein Ende fand Adonis bei der Jagd, bei der ihn ein wilder Eber tötete.

109 Meleager (griech. Meleagros)
Meissen, um 1800

Statuette aus Biskuitporzellan
H. 24 cm
Herkunft: Ankauf 1891 Sammlung David Thormann, Wismar
Inv.Nr. KG 1826
Literatur: Celle 1957, Raum IV, Schrank 31
Ausstellungen: vermutlich 1891 im sog. Thormann-Saal im Großherzoglichen Museum Schwerin, 1957 Schloss Celle "Porzellan als Kulturspiegel"

Die Statuette gehört zu einem umfangreichen Programm von Biskuitfiguren, mit der auch die Meissener Manufaktur im ausgehenden 18. Jahrhundert auf den neuen Bedarf nach an der Antike orientierten Kunstwerken reagierte. Das nur zweimal gebrannte, matt belassene Biskuitporzellan war neben seiner vornehmernsten Ausstrahlung auch deshalb im Klassizismus so willkommen, weil es den Marmor als das bevorzugte Material der Bildhauer im Altertum assoziierte. Der als vorbildhaft angesehenen antiken Welt wurden Formvokabular und Haltungen entlehnt, manche Bildwerke als Vorlagen gar unmittelbar übernommen, und mythologische Themen erlebten eine wahre Renaissance.
Mit einem Jagdhorn in der Linken und einem Jagdhund zu seiner Rechten erscheint der Held der kalydonischen Eberjagd als kurzgelockter, nur mit einem Tuch bekleideter Jüngling "à l'antique".[1]

1 Ein weiterer Gegenstand (vielleicht ein Köcher) an der rechten Hüfte, der mit einem Riemen am rechten Handgelenk befestigt war, ist verloren.

Tasse und Unterschale, Wien, Kat.Nr. 110

110 Tasse und Unterschale mit Darstellung der erwachenden Diana, Wien, 1814
Porzellan, bemalt
Tasse: H. 6 cm, ob. Dm. 6,2 cm, Unterschale: H. 2,5 cm, Dm. 13,2 cm
Bez. auf dem glasierten Boden jeweils mit Bindenschildmarke in Unterglasurblau und auf der Unterschale mit 56 in Gold und Pressnummern 7 und 814, auf der Tasse Presszeichen 8/4, darüber 31
Herkunft: Alter Bestand
Inv.Nrn.: KG 2775/76
Literatur: Celle 1957, Raum IV, Schrank 32
Ausstellungen: 1957 Schloss Celle "Porzellan als Kulturspiegel"

Seit dem ausgehenden 18. Jahrhundert brachte die nach Meissen zweite Porzellanmanufaktur Europas in Wien eine Vielzahl von Tassen hervor, bei denen die Bemalung den weißen Scherben weitgehend überdeckt. Dieses Modell mit zylindrischer Tassenwandung und schräg ansteigendem Spiegel der Unterschale gehört in geringfügig modifizierter Weise zu den gängigsten Formen im Klassizismus überhaupt. Die gegenüber dem Henkel situierte, an Arbeiten von Angelika Kaufmann erinnernde Darstellung zeigt Diana, die sich von ihrem Lager erhebt, vermutlich um auf die Jagd zu gehen.

Bücher

Albiker 1959; Albiker, Carl, Die Meissner Porzellantiere im 18. Jahrhundert, Berlin 1959

Bölte 1877; Bölte, Theodor, Die Mecklenburgischen Jagdthiere in alter und neuer Zeit, Schwerin 1877

Boetticher 1941; Boetticher, Friedrich von, Malerwerke des 19. Jahrhunderts, 2 Bde., Dresden 1891-1901 (Neudruck 1941)

Bursche 1974; Bursche, Stefan, Tafelzier des Barock, München 1974

Cohn 1909; Cohn, Margarete, Franz Krüger. Leben und Werk, Diss. phil., Breslau 1909

Ducret 1972; Ducret, Siegfried, Meissner Porzellan, bemalt in Augsburg, 1718 bis um 1750, Bd. II, Bunte Augsburger Hausmalereien, Braunschweig 1972

Egerton 1985; Egerton, Judy, British Sporting Paintings. The Paul Mellon Collection in the Virginia Museum of Fine Arts, Richmond 1985

Führer Dresden 1998; Porzellansammlung Dresden. Führer durch die ständige Ausstellung im Zwinger, mit Textbeiträgen von Anette Loesch, Ulrich Pietsch und Friedrich Reichel, Dresden 1998

Führer SMS 1980; Führer durch die Sammlungen I., Malerei, Plastik, Grafik, Kunsthandwerk, Staatliches Museum Schwerin [1980]

Führer SMS 1995; Gaehtgens, Thomas (Hrsg.), Staatliches Museum Schwerin. Kunstsammlungen, Schlösser und Gärten, Gent 1995 (Museen, Schlösser und Denkmäler in Deutschland)

Germa-Koeltzsch 1995; Germa-Koeltzsch, Erika, Holländische Stillebenmalerei im 17. Jahrhundert, Lingen 1995

Gesner 1669; Gesner, Conrad, Allgemeines Thier-Buch, Franckfurt am Mayn 1669, Reprint Hannover 1980

Graesse 1982; Graesse, J. G. Th., E. Jaennicke, Führer für Sammler von Porzellan und Fayence, Steinzeug, Steingut usw. Umfassendes Verzeichnis der auf älterem und neuerem Porzellan, Fayence, Steingut usw. befindlichen Marken, umgearb. v. E. Zimmermann, letzte Neubearb. von Arthur und Luise Behse, 25., erw. Aufl., München 1982

Haseder 1999; Haseder, Ilse E., Gerhard K. F. Stinglwagner, Knaurs Großes Jagdlexikon, Augsburg 1999

Heer 1978; Heer, Eugène, Der Neue Støckel, Bd. 1, Schwäbisch Hall 1978

Helbing 1993; Helbing, Hanno (Hrsg.), Die Jagd. Mythos, Metapher, Motiv, Frankfurt a. M./Leipzig 1993 (Inselbücherei, 1135)

Herding 1970; Herding, Klaus, Pierre Puget. Das bildnerische Werk, Berlin 1970

Hobusch 1978; Hobusch, Erich, Von der edlen Kunst des Jagens. Eine Kulturgeschichte der Jagd und der Hege der Tierwelt, Innsbruck/Frankfurt a. Main 1978

Hoenn 1946; Hoenn, Karl, Artemis. Gestaltwandel einer Göttin, Zürich 1946

Hoff 1969; Hoff, Arne, Feuerwaffen. Ein waffenhistorisches Handbuch, 2 Bde., Braunschweig 1969

Hüseler 1956; Hüseler, Konrad, Deutsche Fayencen, Bd. 1, Stuttgart 1956

Jedding 1979; Jedding, Hermann, Meißner Porzellan des 18. Jahrhunderts, München 1979 (Keysers Sammlerbibliothek)

Josephi 1926; Josephi, Walter, Führer durch das Mecklenburgische Landesmuseum. Die Sammlungen und die Prunkräume des Schloßmuseums, Schwerin [1926]

Keller 1984; Keller, Hiltgart L., Reclams Lexikon der Heiligen und der biblischen Gestalten. Legende und Darstellung in der bildenden Kunst, 5., durchges. und erg. Aufl., Stuttgart 1984 (Universal-Bibliothek, 10154)

Lauts 1967; Lauts, J., Jean-Baptiste Oudry, Hamburg/Berlin 1967 (Die Jagd in der Kunst)

Lenz 1991; Lenz, Georg, Berliner Porzellan I., Die Manufaktur Friedrichs des Großen 1763-1786, hrsg. i. Auftrage und mit Unterstützung des Ministeriums für Handel und Gewerbe zum einhundertfünfzigjährigen Bestehen der Königlichen Porzellan-Manufaktur zu Berlin, Berlin 1913, Reprint Berlin 1991

Meinz 1965; Meinz, Manfred, Darstellungen auf Silbergerät. Von der Renaissance bis zum Klassizismus, Hamburg/Berlin 1965 (Die Jagd in der Kunst)

Meinz/Strauss 1976; Meinz, Manfred, Konrad Strauss, Jagdliche Fayencen deutscher Manufakturen, Hamburg/Berlin 1976 (Die Jagd in der Kunst)

Moormann/Uitterhoeve 1995; Moormann, Eric M., Wilfried Uitterhoeve, Lexikon der antiken Gestalten. Mit ihrem Fortleben in Kunst, Dichtung und Musik, Stuttgart 1995 (Króners Taschenausgabe, 468)

Möller 1992; Möller, Karin, Die Sammlung von Elfenbeinarbeiten des 17. und 18. Jahrhunderts im Staatlichen Museum Schwerin unter besonderer Berücksichtigung der am Schweriner Hof tätigen Künstler Carl August Lücke d. J. und Johann Peter Nonheim, Diss. phil., Leipzig 1992

Müller 1979; Müller, Heinrich, Gewehre, Pistolen, Revolver, Leipzig 1979

Nagler; Nagler, G. K., Neues Allgemeines Künstler-Lexikon, München 1835-1852

Nagy 1972; Nagy, Domokos Imre, Jagd und Kunst, Budapest 1972

Niederländische Stilleben 1998; Berswordt-Wallrabe, Kornelia von, Lisa Jürß, Kristina Hegener, Niederländische Stilleben aus der Sammlung Staatliches Museum Schwerin, München 1998

Nugent 1781/82; Nugent, Thomas, Reisen durch Deutschland und vorzüglich durch Meklenburg, Berlin/Stettin 1781/82

Opperman, 1972; Opperman, Hal, Jean-Baptiste Oudry, 2 Bde., Diss. phil.,Chicago 1972

Ovid; Ovid, Werke in zwei Bänden, hrsg. von Liselot Huchthausen, Bd. I: Verwandlungen, Berlin/Weimar 1982 (Bibliothek der Antike, Römische Reihe)

Paffrath 1961; Paffrath, Arno, Die Legende vom Heiligen Hubertus. Ihre Entstehung und Bedeutung für die heutige Zeit und für die Hubertusfeiern, Hamburg/Berlin 1961

Pazaurek 1925; Pazaurek, Gustav E., Deutsche Fayence- und Porzellan-Hausmaler, 2 Bde., Bd. 1, Leipzig 1925

Pazaurek 1929; Pazaurek, Gustav E., Meißner Porzellanmalerei des 18. Jahrhunderts, Stuttgart 1929

Philippovich 1961; Philippovich, Eugen von, Elfenbein. Ein Handbuch für Sammler und Liebhaber, Braunschweig 1961 (2. Aufl. München 1982) (Bibliothek für Kunst- und Antiquitätenfreunde, 17)

Pichelkastner 1981; Pichelkastner, Eleonore, Eckart Hölzl, Bruckmann´s Fayence-Lexikon. Majolika, Fayence, Steingut, München 1981

Ramler 1791; Ramler, K. W., Allegorische Personen zum Gebrauche der bildenden Künstler. Als ein Anhang zu K. W. Ramlers kurzgefassten Mythologie, Nebst einem Register über das ganze Werk, Berlin 1791

Ripa 1644; Ripa, Cesare, Iconologia of Uytbeeldinghe des Verstandes, Amstelredam 1644, Reprint Soest 1971 (Einf. Jochen Becker)

Riesebieter, 1921; Riesebieter, O., Die deutschen Fayencen des 17. und 18. Jahrhunderts, Leipzig 1921

Röntgen 1984; Röntgen, Robert E., The Book of Meissen, Exton 1984

Schlie 1898; Schlie, Friedrich, Die Kunst- und Geschichtsdenkmäler des Großherzogthums Mecklenburg-Schwerin, 5 Bde., Bd. 2, Schwerin 1898

Scholz 1970; Scholz, Renate, Jagdlicher Schmuck. Von der Steinzeit bis ins 20. Jahrhundert, Hamburg/Berlin 1970 (Die Jagd in der Kunst)

Schwab 1971; Schwab, Gustav, Die schönsten Sagen des klassischen Altertums, 2 Bde., Leipzig 1971

Seckendorff 1665; Seckendorff, Veit Ludwig von, Teutscher Fürstenstaat, Bd. I, Frankfurt a. Main 1665 (unveränderter Neudruck, Glashütten i. T. 1976)

Steinmann/Witte 1911; Steinmann, Ernst, Hans Witte, Georg David Matthieu. Ein deutscher Maler des Rokoko (1737-1778), Leipzig 1911

Stoehr 1920; Stoehr, August, Deutsche Fayencen und Deutsches Steingut. Ein Handbuch für Sammler und Liebhaber, Berlin 1920

Strutz 1984; Strutz, Hans, Museums-Kompendium, Staatliches Museum Schwerin, Leipzig 1984

Theuerkauff 1967; Theuerkauff, Christian, Elfenbeinarbeiten aus dem Barock, Hamburg/Berlin 1967 (Die Jagd in der Kunst)

Theuerkauff-Liederwald 1968; Theuerkauff-Liederwald, Anna-Elisabeth, Jagdmotive auf Gläsern im Barock, Hamburg/Berlin 1968 (Die Jagd in der Kunst)

Thienemann 1856; Thienemann, Georg Aug. Wilh., Leben und Wirken des unvergleichlichen Thiermalers und Kupferstechers Johann Elias Ridinger, Leipzig 1856

Th-B; Thieme, Ulrich, Felix Becker, Allgemeines Lexikon der bildenden Künste von der Antike bis zur Gegenwart, Leipzig 1907-1950

Vergnet-Ruiz; Vergnet-Ruiz, (J.), J.-B. Oudry, in: Les Peintres français du XVII siècle, 2 Bde, Bd. 2, Paris/Brüssel 1928-1930, S. 135-194

Voß 1993; Voß, Eberhard, 1000 Jahre Jagd- und Forstgeschichte Mecklenburgs, Rostock 1993

Weidmann 1927; Weidmann, Walter, Franz Krüger. Der Mann und das Werk, Berlin 1927

Willkomm 1986; Willkomm, Hans-Dieter, Die Weidmannssprache für die Jagdpraxis, Berlin 1986

Willkomm 1990; Willkomm, Hans-Dieter, Geheimes Jäger=Cabinet, Berlin 1990

Wurzbach 1906; Wurzbach, Alfred von, Niederländisches Künstler-Lexikon, Wien/Leipzig 1906

Aufsätze

Bursche 1993; Bursche, Stefan, "Ein köstlich Bancket von Zuckerwerck zugerichtet war ...". Kontinuität und Wandel in der Gestaltung der festlichen Tafel, in: Kunst und Antiquitäten, 1993, H. 12, S. 20-23

Cassidy-Geiger; Cassidy-Geiger, Maureen, Graphic Sources for Meissen Porcelain I., Origins of Print Collection in the Meissen Archives, in: The Metropolitan Museum Journal 1996, H. 31, S. 99-126

Clarke 1973; Clarke, T. H., Eine Meissen-Entdeckung - Sabina Auffenwerth in Augsburg, in: KERAMOS 60, 1973, S. 17-40

Dettmann 1926; Dettmann, Gerhard, Die Elfenbeinsammlung des letzten Kölner Kurfürsten (Max Franz von Österreich), in: Belvedere, Forum, Wien, 9/10, 1926, S. 29

Fischer 1990; Fischer, Antje Marthe, Güte aufs Strengste geprüft. Keine Porzellan- aber drei Fayencemanufakturen in Mecklenburg, in: Mecklenburg Magazin der Schweriner Volkszeitung vom 18. 5. 1990

Hackenbroch 1980; Hackenbroch, Yvonne, Der Jagdpokal des Kurfürsten Clemens August. Antwort und Ergänzung, in: KERAMOS 73, 1976, S. 47-50

Hackenbroch 1980; Hackenbroch, Yvonne, Der Jagdpokal des Kurfürsten Clemens August, in: KERAMOS 88, 1980, S. 109-118

Josephi 1936; Josephi, Walter, Die Gr. Stietener Fayencegruppe und ihr Vorbild, in: Jahrbücher des Vereins für mecklenburgische Geschichte und Altertumskunde 100, 1936, S. 195-198

Krull 1867; Krull, Friedrich, Die Fayence-Fabrik zu Gr. Stieten, in: Jahrbücher des Vereins für mecklenburgische Geschichte und Alterthumskunde, 32, 1867, S. 155/56

Lisch 1858; Lisch, G. C. F., Fayence-Fabrik zu Gr. Stieten, in: Jahrbücher des Vereins für mecklenburgische Geschichte und Alterthumskunde, 23, 1858, S. 173

Locquin 1912; Locquin I. Catalogue raisonné de Jean-Baptiste Oudry peintre du roi (1686-1755), In Archives de l'Art Français, nouvelle periode, VI, 1912, S. 1-209

Meinz 1991; Meinz, Manfred, Jagdliche Fayencen aus deutschen Manufakturen, in: Die Jägerey im 18. Jahrhundert, Colloquium d. Arbeitsstelle 18. Jh., Bergische Universität, Gesamthochsch. Wuppertal, Pommersfelden vom 29. Mai bis 1. Juni 1988, Heidelberg 1991, S.121-135

Pfeiffer 1925; Pfeiffer, Max Adolf, Ein Beitrag zur Quellengeschichte des europäischen Porzellans ("Taxa derer vom H. Modell-Meister Kaendlern, zur Königl. Porcelaine-Manufactur in Meiszen seit AO 1740. gefertigten und gelieferten neuen Modelle"), in: Werden und Wirken. Ein Festgruß für Karl W. Hiersemann, Leipzig 1924, S. 269-287

Schlie 1894; Schlie, Friedrich, Aus der Kunstgewerblichen Abteilung des Großherzoglichen Museums zu Schwerin, IV. Alte mecklenburgische Fayencen aus der Zeit der Arcanisten, in: Kunstgewerbeblatt N. F. V, 1894, S. 87-90

Schwenk 1991; Schwenk, Sigrid, Von der hohen Kunst zu jagen. Jagdmethoden im 18. Jahrhundert, in: Die Jägerey im 18. Jahrhundert, Colloquium d. Arbeitsstelle 18. Jh., Bergische Universität, Gesamthochsch. Wuppertal, Pommersfelden vom 29. Mai bis 1. Juni 1988, Heidelberg 1991, S. 39-47

Seelig 1991; Seelig, Lorenz, Jagdtrophäe und Tafelzier. Jagdmotive in der Goldschmiedekunst des 18. Jahrhunderts, in: Die Jägerey im 18. Jahrhundert, Colloquium d. Arbeitsstelle 18. Jh., Bergische Universität, Gesamthochsch. Wuppertal, Pommersfelden vom 29. Mai bis 1. Juni 1988, Heidelberg 1991, S. 137-165

Seidel 1890; Seidel, P., Beiträge zur Lebensgeschichte Jean-Baptiste Oudrys, in: Repertorium für Kunstwissenschaft, XIII, 1890, S. 80-110

Spengler 1991; Spengler, W. Eckehart, Jagdgeschichte und Jagdausübung in Landesherrlicher Zeit, in: Die Jägerey im 18. Jahrhundert, Colloquium d. Arbeitsstelle 18. Jh., Bergische Universität, Gesamthochsch. Wuppertal, Pommersfelden vom 29. Mai bis 1. Juni 1988, Heidelberg 1991, S. 13-37

Starsy 1994; Starsy, Peter, Uhren in Waffen, in: Uhren I., Journal für Sammler klassischer Zeitmesser, 1994, H. 1, S. 19-28

Stieda 1902; Stieda, Wilhelm, Deutsche Fayencefabriken des 18. Jahrhunderts. Mecklenburgische Fabriken, in: Deutsche Töpfer- und Zieglerzeitung 33. Jg., 18. 1. 1902, Nr. 6, S. 29-32

Wagner 1976; Wagner, Eckard, Der Meissner Jagdpokal des Kurfürsten Clemens August, in: KERAMOS 71, 1976, S. 9-16

Westhoff-Krummacher 1982; Westhoff-Krummacher, Hildegard, Jagdreportage in Porzellan - Der Jagdpokal des Kurfürsten Clemens August. - Ein Exemplar im Westfälischen Landesmuseum in Münster, in: KERAMOS 95, 1982, S. 27-36

Wieden 1999; Wieden, Helge bei der, Der Aufbau der mecklenburg-schwerinschen Rangordnung von 1704, in: Stier und Greif. Blätter zur Kultur- und Landesgeschichte in Mecklenburg-Vorpommern 9, 1999, S. 10-21

Wolff Metternich 1986; Wolff Metternich, Beatrix Freifrau von, Kontinuität und Wandel der Jahreszeitenmythologie in der Porzellankunst des 18. Jahrhunderts, in: Die vier Jahreszeiten im 18. Jahrhundert, Colloquium d. Arbeitsstelle 18. Jh., Gesamthochsch. Wuppertal, Univ. Münster, Schloß Langenburg vom 3.-5. Oktober 1983, Heidelberg 1986

Kataloge

Bode 1891; Bode, Wilhelm, Die Grossherzogliche Gemälde-Galerie zu Schwerin, Wien 1891

Bursche 1980; Meissen, Steinzeug und Porzellan des 18. Jahrhunderts, bearb. v. Stefan Bursche, Berlin 1980 (Staatliche Museen Preußischer Kulturbesitz, Kataloge des Kunstgewerbemuseums Berlin, 9)

Butler 1977; Butler, K., Meissner Porzellanplastik des 18. Jahrhunderts. Die Sammlung der Ermitage, Leningrad 1977

Celle 1946; Europäisches Porzellan des 18. Jahrhunderts, Kat. zur Ausst. im Central Repository Schloss Celle vom 21. 12. 1946 bis 26. 1. 1947, Celle [1946]

Celle 1954; Kostbarkeiten alter Kunst, Kat. zur Ausst. im Schloß Celle von Juli bis Dezember 1954, Celle 1954

Celle 1957; Porzellan als Kulturspiegel, Ausst. Kat. Schloß Celle, bearb. von Wolfgang Scheffler, Celle 1957

Chong/Kloek 1999; Chong, Along, Wounter Kloek, Paintings from the Netherlands 1550-1720, Rijksmuseum Amsterdam 1999

Faltbl. SMS Suhrlandt 1987; Rudolf Suhrlandt 1781-1862, bearb. von Hela Baudis, Staatliches Museum Schwerin 1987

Groth 1792; Groth, J.-G., Verzeichniß der Gemälde in der Herzoglichen Gallerie Schwerin, Schwerin 1792

Heidelberg 1999; "... sonst wird dich der Jäger holen!" Die Jagd. Vergnügen und Verderben, Kurpfälzisches Museum Heidelberg, Heidelberg 1999

Jürß 1982; Holländische und flämische Malerei des 17. Jahrhunderts, Bestandskatalog I, 100 Jahre Staatliches Museum Schwerin 1882-1982, Katalogbearbeitung: Lisa Jürß, Schwerin 1982

Jürß 1986; Jean-Baptiste Oudry, Katalog Staatliches Museum Schwerin, Katalogbearbeitung von Lisa Jürß, Schwerin 1986

Kat. SMS Waffen 1959; Historische Waffen von der Sowjetunion übergeben, bearb. von Johanna Weiser, Schwerin 1959

Kat. SMS Holländische Maler 1962; Holländische Maler des XVII. Jahrhunderts, Einführung von Walter Heese, Staatliches Museum Schwerin 1962

Kat. SMS Porzellan 1968; Porzellan, Staatliches Museum Schwerin, bearb. von Ingeborg Hohferber, Schwerin 1968

Kat. SMS Matthieu 1978; Georg David Matthieu 1737-1778, bearb. von Ingeburg Schwibbe, Schwerin 1978

Kat. Tokio 1981; Meisterwerke deutscher Kunst aus Museen der DDR, Tokio 1981

Kat. SMS Schwerin 1985; Schwerin in der bildenden Kunst der Jahrhunderte, Schwerin 1985

Kat. Berlin 1987; Kunst in Berlin 1648-1987, Staatliche Museen zu Berlin, Berlin 1987

Kat. SMS Münzen 1988; Mecklenburgische Münzen und Medaillen, bearb. von Wolfgang Virk, Schwerin 1988

Kat. 1000 Jahre 1995; 1000 Jahre Mecklenburg. Geschichte und Kunst einer europäischen Region. Landesausstellung Mecklenburg-Vorpommern 1995, hrsg. von Johannes Erichsen, Rostock 1995

Kat. SMS Italien 1999; Von Venedig bis Neapel, Renaissance und Barock in Italien, Sammlungen Malerei, Zeichnung, Plastik, Majolika, Staatliches Museum Schwerin, hrsg. von Kornelia von Berswordt-Wallrabe, mit Beiträgen von Kristina Hegner, Regina Erbentraut, Karin Annette Möller, Hela Baudis und Ralf Weingart, Schwerin [1999]

Kat. SMS Porzellan 1999; Europäisches Porzellan. Ein Rundgang durch die Ausstellungsräume im Schweriner Schloß, Staatliches Museum Schwerin, hrsg. von Kornelia von Berswordt-Wallrabe, bearb. von Karin Möller und Antje Marthe Fischer, Schwerin 1999

Lenthe 1821; Lenthe, F. C. G., Verzeichniß der Gemälde, welche sich in der Großherzoglichen Gallerie zu Ludwigslust befinden, Parchim 1821

Lenthe 1836; Lenthe, F. C. G., Verzeichniß der Grossherzoglichen Gemälde-Sammlung auf dem alten Schlosse in Schwerin, Schwerin 1836

Mansfeld 1951; Mansfeld, Heinz, Katalog Holländische Maler des XVII. Jahrhunderts im Mecklenburgischen Landesmuseum, Schwerin 1951

Mansfeld 1954; Malerei des 18. Jahrhunderts im Staatlichen Museum Schwerin, bearbeitet von Heinz Mansfeld, Schwerin 1954

Opperman 1982; Opperman, Hal, J.-B. Oudry, Katalog zur Ausstellung im Grand Palais Paris vom 1. 10. 1982 bis 3. 01. 1983, Paris 1982

Opperman 1983; Opperman, Hal, J.-B. Oudry, Katalog zur Ausstellung im Kimbell Art Museum, Fort Worth 1983

Prosch; Eduard Prosch, Catalog und Inventarium der Grossherzoglichen Gemälde-Gallerie und der Grossherzoglichen Sammlung plastischer Kunstwerke in Schwerin, 1863 ff. (handschriftlich)

Robbels 1992; Robbels, Hella "Entwicklungsphasen der Antwerpener Stillebenmalerei von 1550-1650" S. 203ff., in Kat.: Von Brueghel bis Rubens, hrsg. von Ekkehard Mai, Hans Vlieghe, Köln 1992

Rückert 1966; Meissener Porzellan 1710-1810, Bayerisches Nationalmuseum München, bearb. von Rainer Rückert, München 1966

Schlie 1882; Schlie, Friedrich, Beschreibendes Verzeichniss der Werke älterer Meister in der Grossherzoglichen Gemälde-Gallerie zu Schwerin, Schwerin 1882

Schwerin 1893 I; Schlie, Friedrich, Altmeißen in Schwerin, Erste Ausstellung altsächsischer Porzellane, Großherzogliches Museum Schwerin, Schwerin 1893

Schwerin 1893 II; Schlie, Friedrich, Altmeißen in Schwerin, Zweite Ausstellung altsächsischer Porzellane, Großherzogliches Museum Schwerin, Schwerin 1893

Wandschneider 1997; Dialog der Kreaturen, Städtische Galerie in der Reithalle Schloss Neuhaus, bearb. von Andrea Wandschneider, Paderborn 1997

Abkürzungen

Kat.	Katalog
LAfD	Landesamt für Denkmalpflege
LHA	Landeshauptarchiv
Rs.	Rückseite
SMS	Staatliches Museum Schwerin
Vs.	Vorderseite

Sofern keine Herkunft vermerkt ist, handelt es sich um Erwerbungen aus herzoglichem Besitz von 1930, die – anfangs als Leihgaben – von 1921 bis ca. 1943 im Schlossmuseum Schwerin ausgestellt waren. Die Maße sind Höhe vor Breite angegeben.

Der Katalog erscheint anläßlich der Ausstellung
»Jagd, welch fürstliches Vergnügen«
vom 6. Mai bis 12. November 2000
auf Schloss Ludwigslust

Impressum

Herausgeber	Kornelia von Berswordt-Wallrabe
Katalogkonzeption und -bearbeitung	Hela Baudis
	Torsten Fried
	Harald Knöppke
	Heike Kramer
	Karin Annette Möller
Fotos	Gabriele Bröcker
	Hugo Maertens, Brügge, Kat.Nr. 65
	Elke Walford, Hamburg, Kat.Nrn. 3, 8, 18, 29, 57, 61, 62, 68, 71, 73, 74, 100, 102, 103, LA 7D, S. 24
	Umschlag: Abb. Detail von Kat.Nr. 31
Restaurierung	Vollrat Dreyer
	Ursula Kanter
	Harald Knöppke
	Regina Kränz, Hamburg, Kat.Nr. 17
Ausstellung	Heike Kramer
Ausstellungstechnik	Werner Halle
	Werner Rehfeldt
	Marlies Schüler
Öffentlichkeitsarbeit	Jörg-Peter Krohn
	Heidemarie Otto
Kataloggestaltung	Carsten Best, Hamburg
Katalogherstellung	Christians Druckerei & Verlag

ISBN 3-86106-058-2